电子信息技术与通信工程

谷宏伟　孔　瑞　邱　军　主编

汕头大学出版社

图书在版编目（CIP）数据

电子信息技术与通信工程 / 谷宏伟，孔瑞，邱军主编. -- 汕头：汕头大学出版社，2024. 12. -- ISBN 978-7-5658-5477-4

Ⅰ. G203；TN91

中国国家版本馆CIP数据核字第2024YW2321号

电子信息技术与通信工程

DIANZI XINXI JISHU YU TONGXIN GONGCHENG

主　　编：谷宏伟　孔　瑞　邱　军
责任编辑：郑舜钦
责任技编：黄东生
封面设计：刘梦杏
出版发行：汕头大学出版社
　　　　　广东省汕头市大学路243号汕头大学校园内　邮政编码：515063
电　　话：0754-82904613
印　　刷：廊坊市海涛印刷有限公司
开　　本：710mm×1000mm　1/16
印　　张：10.25
字　　数：175千字
版　　次：2024年12月第1版
印　　次：2025年1月第1次印刷
定　　价：52.00元
ISBN 978-7-5658-5477-4

编委会

前　言

随着信息技术的飞速发展，社会对电子信息工程人才的需求日益增长，这要求我们在教育和研究领域不断深化对电子信息技术与通信工程的理解和应用。电子信息工程作为一门综合性学科，涵盖了电子技术、通信技术、计算机技术等多个领域，是现代电子设备和通信系统设计、开发和应用的基石。

本书从其基础理论出发，系统地介绍了电子信息技术的基本原理和关键技术。在数字通信工程方面，书中深入探讨了数字信号处理、信道编码与解码等关键技术，这些技术是实现高速、高效、高可靠性通信的基础。同时，数据通信技术作为信息时代的核心，书中对其传输原理、数据安全等进行了全面分析，展示了数据通信在现代社会中的广泛应用。另外，无线电设备检测作为通信工程中不可或缺的一环，书中对信号分析及方法进行了阐述，这些技术对于无线电设备的检测、维护和故障诊断具有重要意义。本书通过对电子信息技术与通信工程的深入研究，不仅为相关专业的学生和研究人员提供了宝贵的知识资源，也为电子信息技术与通信工程领域的工程技术人员提供了实用的技术指导。

作者在本书写作过程中，力求将理论与实践相结合，为读者提供全面、深入、系统的电子信息技术与通信工程知识。然而，由于作者学识有限，书中的观点和方法可能存在不足之处，敬请读者批评指正。作者期待与广大读者共同探讨，不断推进电子信息技术与通信工程的发展，为促进人类社会的发展做出更大贡献。

目　录

第一章　电子信息工程

第一节　电子信息学科基础

一、电路与电子知识领域

我们已步入信息化时代，全球信息技术的快速发展无可阻挡。与信息的生成、存储、传输、处理和利用密切相关的微电子技术和光电子技术，正在迅速演变。集成电路作为微电子技术与光电子技术的重要成果，其正按照每3年翻两番的摩尔定律向前进步。实际上，集成电路的设计与制造能力已成为评价一个国家科技水平的关键指标，同时也是衡量国家经济和国防实力的标志。对我国而言，推动集成电路技术的发展，加快社会信息化步伐，强化国防力量和确保国家安全迫在眉睫。

未来，信息技术的创新和融合将进一步发展，核心技术如集成电路、软件、新型电子元器件的水平将达到新高。集成电路将继续向微型化和高集成化方向发展，采用纳米级别的工艺进行加工和集成的芯片系统将成为市场的主流；同时，新型电子元器件和材料将源源不断涌现。软件将趋向平台网络化、方法对象化、系统结构化、开发工程化、过程规范化和生产工厂化。新型电子元器件也将朝向微型化、片式化、高性能化、集成化、智能化及环保节能方向发展。此外，平板显示设备将逐渐成为主流显示产品；新一代移动通信、下一代互联网及数字电视网络及相关产品也将持续更新升级。信息技术正在各行各业中深化应用，与其他技术领域的融合将更加紧密，催生出更多的商业模式和产品类型。以信息技术为核心的高新技术已成为推动经济和社会发展的关键力量。

（一）国际竞争格局

电子信息产业作为当今世界的重要经济支柱，正逐步改变传统的全球产业分工模式。该产业具有高度的国际性，涉及全球采购、生产、销售网络，显著地推动了市场、资金和技术的全球化。这种全球化趋势不仅仅是资源和产品的竞争，更是技术、品牌、资本以及市场份额的较量。在这样的国际竞争中，核心技术和品牌建设成为企业竞争力的核心。

1. 新分工体系开始形成

(1) 世界电子信息产业分工进一步细化

随着全球经济一体化的深入，电子信息产业的国际竞争格局正在经历深刻的变革。传统的垂直分工模式正在逐渐向混合分工模式转变，这不仅体现在产业的分工上，更体现在产品生产工序的细化上。例如，在电子信息产业中，高科技产品的加工和装配虽然是劳动密集型环节，但其背后的产品设计和开发则是技术和知识密集型环节。这种分工的深化和细化，使得全球生产企业必须根据自身的核心技术和资源优势，在产业链的不同环节发挥作用。

这种新的国际分工体系的形成，不仅提升了参与国家或地区在国际市场中的分工地位，也促进了从劳动密集型产业向资本密集型产业的转变。此外，产业链和产品工序的地位及其增值能力也得到了显著提升。在这个过程中，国际分工的边界逐渐变得模糊，产业链和产品工序的重要性不断增加。具体来说，产业重心正在从简单的生产制造向研发设计和品牌营销转移，生产环节也由终端加工组装向关键零部件生产转移。

(2) 世界电子信息产业转移步伐加快

在当今全球化的经济大背景下，电子信息产业作为技术和创新的前沿，正在经历一场深刻的地理和结构转变。自20世纪60年代和70年代以来，这一产业的加工制造基地已历经美国—日本—韩国—泰国、马来西亚—中国内地的转移过程。在这个过程中，电子信息产品的制造业已不再是单纯从西向东的迁移，而是形成了一个多中心、多节点的全球网络。美国和欧洲等地的企业不仅继续保持技术研发的领先地位，同时也开始直接将生产基地转移到成本较低且市场潜力巨大的中国和东南亚国家。这种策略的转变主要由电子信息产业的自身特点驱动：在激烈的市场竞争和快速变化的技术环境中，产品生命周期越来越短，对成本控制的需求越发迫切。

中国，作为全球综合生产成本最低的国家之一，不仅提供了低成本的生产优势，还拥有庞大且快速增长的市场规模。这一独特优势使得在中国的直接投资能够有效降低运营风险，加速新技术产品的市场回收周期。此外，多年的改革开放政策已使中国在生产工艺、投融资环境、人才资源和制度建设等方面积累了丰富经验，为国际电子信息产业的转移创造了良好的外部条件。当前，随着电子信息技术的不断进步和创新，这一产业的全球布局正在进一步优化升级。中国在接受国际产业转移的同时，也在通过技术创新和产业升级推动自身电子信息产业的进一步发展。在国际环境复杂多变、行业新旧动能转换的关键阶段，我国电子信息制造业保持总体平稳、转型加快的运行态势，我国电子信息制造业转型的外部压力和内生驱动不断增强。例如，根据中国工业和信息化部发布的 2023 年电子信息制造业运行情况，可以看出 2023 年，中国电子信息制造业投资平稳增长，固定资产投资同比增长 9.3%。数据显示，2023 年中国电子信息制造业生产恢复向好。规模以上电子信息制造业增加值同比增长 3.4%，比高技术制造业高 0.79%。12 月份，规模以上电子信息制造业增加值同比增长 9.6%。同期，中国电子信息制造业出口降幅收窄。规模以上电子信息制造业出口交货值同比下降 6.3%，比同期工业降幅深 2.49%。这些数据显示出中国电子信息产品仍在一定程度上保持着在国际市场上的竞争力。

2. 空间集聚效应更加突出

电子信息产业的空间集聚效应日益显著，已然成为一种全球发展的趋势。这一产业由于其高技术产品的低运输成本、规模经济的显著优势及技术外溢效应的强烈特性，表现出了产业高度集群的空间分工格局。

纵观全球，电子信息产业主要分布在特定的几个国家和地区，逐渐形成了以产业链为核心、相关配套产业高度集中的专业产业基地。例如，美国的硅谷、北卡三角区、波士顿的 128 公路区域、德州的奥斯汀，墨西哥的瓜达拉哈拉电子产业基地与蒂华纳视听产业基地，欧洲地区的英国剑桥工业园、苏格兰工业园、德国慕尼黑工业园以及法国的索菲亚工业园和瑞典的基斯塔工业园，亚洲地区的马来西亚多媒体走廊和印度班加罗尔的软件外包基地等。这些地区以产业链为支撑的电子信息产业基地，已构成了全球电子信息产业生产的主要架构。

3. 技术演进越来越快

技术进步的步伐日益加快，信息技术的更新换代速度愈发明显。纳米级的集成电路技术及片上系统技术已被广泛应用，计算机技术正向着高性能的方向迈进，而音视频技术也在持续向数字化、高集成化和多功能化发展。全球电信业的转型加速，技术与业务的创新变得更加活跃，电信领域的业务也日趋向移动化、宽带化、IP化和多媒体化转变。在较长时间内，蜂窝移动通信将继续领导无线通信市场，手机电视和IPTV的快速增长标志着它们成为三网融合的关键领域。同时，互联网的飞速发展对传统电信业的经营模式产生了深远影响。技术的融合、市场与技术的紧密结合，对我们分析形势、确定方向、制定政策提出了更高的要求。

同时，技术之间的相互渗透使得产品与产业的界限日渐模糊，数字化、网络化和智能化技术逐渐成为电子信息产业的核心。自20世纪90年代起，数字化浪潮正在强烈地冲击和改造传统的模拟领域，已成为通信和消费类产品发展的共同趋势。数字技术推动了音视频、通信和计算机技术的深度融合，催生了业务和技术层面的相互渗透和融合，从而发展出众多集成性的产品和业务。在通信领域，数字技术已基本取代模拟技术，而在广播电视领域，从模拟向数字电视的转型已全面展开。数字电视和数字音频广播已在全球多国实现商业化播出。此外，组合音响也正在向数字化、多声道环绕声以及小型化、微型化方向发展，人们正在步入一个全新的数字音视频时代。信息技术的迅猛发展和广泛应用使得网络化成为电子信息产业发展的必然趋势。电子技术与机械、汽车、能源、交通、轻纺、建筑、冶金等产业的结合，形成了新的技术领域和更广阔的产品类别。电信网、有线电视网和计算机通信网间的相互融合、交叉经营及资源共享，正在改变传统的产业界限。

(二) 国内调整转型

1. 技术升级加速产业调整

生产要素全球配置的特点日益突出，我国电子信息产业的国际化水平不断提升。随着世界经济一体化的深入发展，我国的信息产业与全球市场的联动日益密切，面对核心技术竞争的加剧、专利和标准的争夺以及品牌建设的重要性，跨国公司的行业转移、投资及并购行为对全球产业链产生深远影响。经济全球化不仅促进了我国产品的出口、加快了我国企业的国际化步伐，同时也增加了针对我国电子信息产业的贸易摩擦和知识产权纠纷。此外，电信行业的技术创新和行业重塑成为新趋势，国际电信巨头纷纷调整战略布局，国际市场竞争更趋激烈；WTO过渡期结束后，我国的电信市场将进一步开放，市场竞争将更为激烈。

信息技术的迅速更迭和技术的深度融合，推动了技术升级和产业调整。数字化推动了音视频、通信与计算机技术的合并，催生了众多新型集成产品和服务。三网融合实现了互联网、通信、广播电视技术在统一平台的融合。同时，电子信息技术与机械、汽车、能源和交通等传统行业的结合也日益紧密，不断推动新产品类别的发展。智能手机和个人电脑的普及模糊了投资品与消费品的界限。新型信息服务业务层出不穷。绿色制造技术的应用日益广泛，无害化的原材料和生产工艺逐渐成为公众关注的焦点。这些变化共同推动了产业结构的快速升级，并形成新的经济增长点。

2. 产业发展面临瓶颈

电子信息产业在发展过程中面临多重挑战：①该行业的核心基础产业较为脆弱，众多企业在综合竞争力方面表现不佳，出口产品的附加值偏低，且产业结构的不合理性仍然显著。②核心技术依赖于外部，自主创新能力亟须增强。尽管政府已在鼓励企业创新方面出台多项措施，但相关政策环境和管理体制尚待进一步优化。③软件产业规模相对较小，软硬件之间的比例不协调，系统集成能力有待提升。在运营和技术服务方面，与发达国家相比存在明显差距，非话音业务占比偏低，且农村通信发展与新农村建设需求不匹配。通信市场竞争结构不平衡，法治建设滞后，监管能力也需要加强。

在全球范围内，电子信息产业的竞争格局不断演变。跨国公司通过资源整合、业务融合、全球市场重新布局及跨国并购等策略，增强了其竞争力，给国内企业带来了新的挑战。外资企业加强了对低端市场的竞争，不断扩大市场和产品的竞争领域。同时，随着元器件的升级，整机行业的竞争愈发激烈，如Intel与AMD在芯片市场的竞争影响到国内计算机企业的市场地位。网络服务商和渠道商的介入也强化了业务融合的优势。此外，部分代工企业通过强大的加工能力发展自主品牌产品，加剧了市场竞争。国家间的竞争日益激烈，特别是周边地区越来越重视电子信息产业，其市场和劳动力等方面的优势正逐渐显现，对国内产业构成了严峻挑战。

在国际贸易方面，电子信息产业成为我国面临的主要摩擦领域。随着我国在国际市场上的份额快速增长，发达国家通过反倾销、技术标准壁垒和高额专利费等措施制约我国电子信息产品的出口。此外，随着我国加入世界贸易组织过渡期的结束，外部开放带来了新的挑战。

二、电磁学知识领域

在当今科技飞速发展的时代，信息技术无疑是最引人注目的领域之一。特别是无线通信技术，它已经成为现代生活的重要组成部分。电磁学知识，尤其是电磁场与电磁波的应用，在信息技术领域扮演着至关重要的角色。

实际上，所有被称为"无线电"的设备和应用都依靠电磁波来传递信息，就如同交通工具依赖车辆、船只和飞机一样。电磁波亦存在多样的传播方式。因此，掌握电磁波在各种环境下的传播现象和机制，理解其传播规律，并能进行相关计算，是信息学科的重要基础之一。

电信号通常由电子设备生成，并在电路中经过调制（承载信息）与解调（提取信息），这一过程大多数时候不依赖电磁波。那么，电路中的信号如何转变为无线电空间中的电磁波呢？这需要通过特定功能的设备，即"天线"。因此，了解不同天线的结构特征，理解其工作原理及分析方法，以及掌握常用天线的选择、设计和应用，对信息学科同样重要。

电磁波源自振荡的电流与电荷，按特定频率交替，于媒介（如空气）中以光速扩散。可见光是频率极高的一种电磁波，其频率远超无线电波。波速与频率的比值被称为"波长"，按照波长从长到短、频率从低到高，无线电波谱可以被划分为长波、中波、短波、超短波及微波。微波与光波的性质相似，具有高分辨率和对细微结构差异的敏感性，因此在雷达、遥感、成像、射电天文、物质分析及精密测量和加工等多个领域发挥着重要作用。微波已经成为电磁波谱中最关键、最活跃的频段之一。

卫星、移动都属于无线通信方式，它们的主要区别在于电磁波的传播路径。而通信，尤其是光纤通信，虽然看起来是通过物理线路连接的，似乎应该属于有线方式，但实际上，光纤中传输的是波长极短的光波，这种光波在狭小的光纤中的传播机制非常类似于微波在波导管内的传输方式。因此，在理论分析和设计应用中，光纤通信也采用了许多类似于微波的技术和方法，从电信号的角度看，其实它更类似于无线通信。

　　信号与信息处理则是所有电子信息系统的核心部分。其主要任务是利用先进的处理技术，真实地再现从不同源头收集来的信息，如声音、图像和电磁波。特别是在处理电磁波时，深入理解电磁波散射和传播的知识是非常必要的。同时，电路设计为电子设备提供了基础的有线架构。随着技术的进步，电路的传输速度和集成度不断提高，使得电路的设计要求愈加严格，常常需要处理信号传输中出现的分布参数问题、传输色散和互耦干扰等复杂情况。这些问题的解决，需要深入应用电磁学知识。随着信息技术的广泛应用，电子信息安全问题也变得日益重要。除了常见的密码破译和网络攻击等安全问题外，由电磁波引起的信号泄露、设备损坏甚至对人体的潜在伤害也是不容忽视的安全隐患。解决这些问题不仅需要加强密码学和网络安全技术的研究，也需要充分利用关于天线和电磁波传播的知识。

　　总而言之，在电子信息学科领域，"电磁场与微波技术"这一知识板块扮演着独特的学科角色并具有重要的应用背景。它与通信、信号处理、电路设计、信息安全等多个技术领域紧密相连。在掌握电磁学知识的过程中，应特别关注实际问题、物理模型与数学描述之间的相互关系。我们应避免仅从数学角度出发，更要注意数学理论与物理实际的相互对应，确保数学表达能够准确反映物理过程。此外，强调用物理的方法来分析问题，构建清晰的物理图像，培养对物理现象的直观理解是非常重要的。学生可以尝试将所学的电磁学知识应用于分析日常生活中的电磁现象，或者在学习中使用电磁仿真工具来解决一些基本的实际问题，这不仅能加深学生对物理概念的理解，还能帮助学生建立电磁学的直观感受，消除对电磁学的神秘感。

三、信号处理知识领域

　　近年来，由于超大规模集成电路的出现，在控制与信号处理系统中，数字处理方法迅速替代了传统的模拟处理方法。

(一) 优点

　　数字处理方法采用通用或专用的计算机一类数字系统，完成系统分析、设计并实现相应的控制与信号处理系统，它具有数字系统的一些共同优点，例如抗干扰、可靠性强，便于大规模集成等。除此之外，与传统的模拟处理方法相比较，它具有以下四个优点：

1. 精度高

数字信号处理通过精确的计算达到高精度的效果。在模拟系统中，元器件的精度很难超过 0.001，而数字系统可以轻松实现 0.00001 的精度。例如，在基于离散傅里叶变换的数字式频谱分析仪中，其幅值精度和频率分辨率远超过模拟式频谱分析仪。

2. 灵活性强

数字系统的性能可通过修改运算程序或系统设计参数来调整，这些参数都可以存储在系统内部。这种设计上的灵活性，使得数字信号处理系统能够轻松调整其特性，而对模拟系统的修改则需要重新设计和构建电路，这在很多情况下显得不够便捷。

3. 扩展性与高级功能

数字信号处理能够实现许多模拟系统难以达到的性能指标和特性。例如，数字滤波器可以实现严格的线性相位特性，数字系统还可以通过存储和延迟方法实现非因果系统，从而提升性能。此外，数据压缩技术能显著减少信息传输的信道容量需求。

4. 多维处理能力

利用大量存储单元，数字系统能够处理和存储二维图像信号或多维阵列信号，实现更复杂的二维或多维滤波及谱分析功能。这种多维处理能力为各种高级应用提供了可能，如高清视频处理、多通道音频处理等。

(二) 缺点

数字信号处理系统虽带来诸多便利，但亦非无懈可击。其缺点主要表现在以下几方面：

1. 增加了系统的复杂性

数字信号处理系统需配备模拟接口，包括 A/D 转换器、D/A 转换器和模拟滤波器等设备，以及较为复杂的数字处理设备。

2. 应用的频率范围受到限制

数字信号处理系统的应用频率受到 A/D 转换采样频率的制约。采样频率直接关系到信号的最高处理频率。

3. 系统的功率消耗比较大

与模拟信号处理系统相比，数字信号处理系统中包含了大量的晶体管，增加了电力消耗。相比之下，模拟信号处理系统中广泛使用的电阻、电容和电感等无源元件对电力的需求较低。

(三) 数字处理的应用领域不断扩大

数字处理技术正在快速发展，克服了许多固有缺点：一是因为超大规模集成电路的发展，使数字设备成本降低，体积缩小，计算速度提高，这推动了数字技术的广泛应用；二是数字处理在理论和实践方法上都有了深入发展，使得它的应用范围持续扩大。这主要表现在：

1. 由简单的运算走向复杂的运算

例如，一个全并行的大规模乘法器能在几纳秒内完成一次复杂的浮点乘法运算，这极大提高了数字信号处理在速度和精度上的能力。

2. 由低频走向高频

目前，A/D 转换器的采样频率已达到数百兆赫，能够处理高至视频信号的各类频率，实现其数字化和后续的计算机处理。

3. 由一维走向多维

随着计算机存储能力的提升，数字信号处理已广泛应用于高分辨率彩色电视、雷达和石油勘探等多维信号处理领域。

数字信号处理技术的实用性逐渐得到重视。然而，早期计算机的处理能力有限，使用快速傅里叶变换算法的处理速度也未能满足实时处理的需求，加上当时计算机价格高昂，限制了其普及。但在过去二十多年中，这些技术已经实现了飞速的更新换代。在图像处理领域，例如，多媒体通信、影碟机和高清晰度电视等关键技术均采用了图像数据压缩标准，如 H.261、H.263、H.264、JPEG、MPEG1、MPEG2 和 MPEG4 等，主要使用了离散余弦变换（DCT）算法。近年来，小波变换这一具有高压缩比和快速运算特点的新技术也被广泛应用于新一代压缩技术标准。此外，数字信号处理还在不断开拓新的应用领域，如在机械制造中的频谱分析仪用于振动分析和机械故障诊断，在医学中分析处理心电和脑电信号，在数字音频广播中也得到了广泛应用。

数字信号处理通过计算机来执行各种算法，常见的实现方式主要包括软件和硬件两种形式。

软件实现方式是利用普通数字计算机运行专门的信号处理程序。这种方法的优势在于成本较低，且一台计算机可以完成多项任务；但其缺点是处理速度较慢，这主要是因为普通计算机的结构并非专为某个具体算法设计。在非实时的应用环境中，软件实现是可行的选择。例如，在处理一段含噪声的视频（或音频）时，可以先将视频（或音频）信号转换为数字数据，并存储于计算机中，随后花费较长时间逐帧处理这些数据。处理结束后，将这些数据实时转换回一段清晰的视频（或音频）。通用计算机便能完成这些任务，无须额外开发专用的数字计算机。

硬件实现则是为了特定的应用目的，通过优化设计来构建专用的软硬件系统。这种方式的优点是便于实现实时处理；缺点则是设备通常只能用于特定目的。在硬件实现过程中，为了达到最佳的性能与成本比，引入并行、复用和流水线等概念非常关键。并行处理指的是多个处理器同时工作以完成同一任务，从而实现单个处理器无法完成的功能；复用则指在处理器有较大处理能力时，同时执行多个任务（如多个滤波器）；而流水线结构类似于工厂的生产线，数据在不同处理器间流转，每个处理器完成特定的工序。是否采用并行或流水线结构，取决于控制系统和信号处理的具体运算需求。

随着大规模集成电路技术的进步，复杂数字信号处理系统如今能够整合到单一芯片之上，这种芯片被称为"片上系统"（SoC）。SoC 集成了多种电路，包括数字电路、模拟电路、模拟与数字转换电路、微处理器、微控制器以及数字信号处理器等。区别于传统的集成电路，嵌入式软件的设计也被纳入了 SoC 的设计流程。SoC 设计采用自上而下的方法，基于模块化组装，设计过程中广泛重用自主设计或第三方拥有的知识产权（IP）模块。在SoC 子系统设计中，必须仔细考量软件与硬件的功能划分以及它们之间的信息交流方式。总体来看，SoC 系统代表了数字信号处理系统的一种创新实现方式。

在自动控制、信号与系统分析以及信号处理领域，分析与设计技术的提升同样推动了这些领域的发展。

四、计算机知识领域

计算机是 20 世纪的重要发明之一，它在现代社会扮演着不可或缺的角色。作为高效的信息处理工具，计算机已经渗透到我们生活的方方面面，极大地推动了社会的发展。计算机技术的快速发展为我们提供了一个全新的视角来观察和理解世界。它不仅加深了我们对自然界的认识，也提升了我们利用自然资源的能力。信息，作为一种战略资源，其开发和利用在很大程度上依赖于计算机技术。在科学研究方面，计算机不只是简单地支持理论的推导和实验的执行，它还引入了"计算"这一全新的研究方法。这种方法不仅加速了科学发现的过程，也使得复杂的数据分析成为可能，极大地拓宽了科学研究的边界。在生产领域方面，计算机的应用显著提高了工业生产的效率和质量。它通过自动化控制和精确计算，使得生产过程更加高效、节能和环保。此外，计算机技术也极大地促进了经济的增长，改变了传统的工业结构。在社会服务方面，计算机使服务更加多样化且质量更高。它通过网络平台提供各种在线服务，如远程教育、电子政务和电子商务，极大地方便了人们的生活。计算机技术在文化创造和传播方面也起到了重要作用，互联网不仅改变了人们获取和分享信息的方式，也使文化交流更加广泛和深入。随着个人电脑和移动计算设备的普及，计算机技术已经深入人们的日常生活，影响着我们的工作和休闲方式。每个家庭几乎都拥有至少一台计算机，它们已成为我们日常生活不可分割的一部分。从更宏观的角度来看，计算机技术在政治、经济、科技、文化、军事和国防等多个领域都发挥了巨大作用。它不仅是现代文化的一部分，更是推动全球信息化和网络化的关键力量。计算机和通信技术的结合，以及互联网的发展，不断推动着全球化进程，为未来的科技革命奠定了基础。

作为一门重要的科学技术和专业，计算机科学技术有其特定的内涵。这门科学不仅包含技术的实际应用，还包括探究基本现象和本质的科学研究。计算机科学技术的核心在于通过研究和应用，推动信息的获取、存储、处理、表达、控制，从科学的角度强调了对现象的研究和本质的揭示，而技术的侧重点则是开发和使用计算机进行信息处理。计算机科学技术的快速发展得益于数学、微电子学等相关学科的进步。计算机科学技术不仅促进了信息技术的应用，也推动了全球计算机产业的巨大发展。技术成果的商业化进一步加强了这一领域的实力，并为深入研究和资源共享提供了支持。因此，计算机、计算机科学技术及其产业的整合，构成了整个计算机事业发展的三大支柱。

这个学科根据内在的联系和特征，通常被细分为几个主要方向，包括计算机理论、组织与体系结构、硬件、软件、应用技术、网络、人工智能等。我国高校在设立相关专业时，如"计算机科学与工程""计算机软件"及"计算机技术及应用"，均从不同角度反映了这些分类和发展趋势。计算机科学技术的发展主要表现在以下几个方面：①计算机科学技术与通信科技的融合，这不仅加深了两者的相互渗透，还促进了社会信息化进程。②为了提高计算机系统的性能，持续开发新型元器件（如微电子、光电子集成器件及生物集成器件）、新的体系结构和技术。③深化对计算机软件的智能化、集成化、并行化及自动化的研究。④在全球网络互联的背景下，信息安全和保密技术成为重要研究领域，这是为了确保信息资源共享、计算机与网络的互操作性和开放性。

第二节　电子、信息与电子信息系统工程

一、电子技术、电子系统与电子工程

(一) 电子技术

电子技术是一门应用电子学原理，通过设计和制造具备特定功能的电路，使用电子元器件来解决现实问题的技术领域。它主要分为信息电子技术和电力电子技术两个子领域。信息电子技术进一步细分为模拟电子技术和数字电子技术，而电力电子技术则主要应用于电力行业，主要用于电能的变换与控制。

1. 电子元器件

电子元器件构成了电子电路和电子系统的基础，它们是组建电路的最小物理单元。了解元器件的基本特性和参数是进行电子电路分析和设计的关

键。这些元器件包括电阻器、电容器、电感器等，它们的性能直接影响整个电路系统的效率和稳定性。

2. 电路

电路根据处理的信号类型可分为模拟电路和数字电路。模拟电路处理连续变化的电流和电压，应用于放大器、振荡器、各种线性运算电路（如加法、减法、乘法、除法、微分和积分电路）。相对而言，数字电路处理的信号状态有限，常用于实现数字逻辑操作，例如振荡器、寄存器、加法器和减法器等。电路的设计和分析应遵循一系列基本法则，如基尔霍夫电流定律、电压定律、戴维南定理及诺顿定理等。在包含非线性器件的复杂电路分析中，这些定律尤为重要，而电路设计和分析现今多通过计算机模拟来完成，以提高精确性和效率。

3. 电子学

电子学是研究电子元器件、电路和电子系统的特性和行为的物理学科。电子学涉及很多的科学门类，包括物理、化学、数学和材料科学等。这个领域的研究帮助我们更深入地理解电子技术如何运作，以及如何通过创新来解决日益复杂的技术问题。

（二）电子系统

电子系统，是指利用各种电子元器件的物理特性，来设计和建造能够执行特定功能或任务的物理实体。这类物理实体的规模可大可小，从简单的RC 电路扩展到庞大的因特网系统。简言之，电子系统主要是指那些将电能转换成其他形式能量的应用系统。

从构成的角度来看，一个电子系统通常包含三个基本层次：一是器件层，这一层包括了分立器件和集成电路器件；二是电路板层；三是系统层。这三个层次共同作用，形成一个完整的电子系统，使其能够有效地完成既定的功能和任务。通过这样的层级划分，我们能够更清晰地理解一个电子系统的物理实现和功能执行过程。

（三）电子工程

电子工程主要是利用电子技术，基于现代系统工程学的原则，来完成一个特定应用的整个过程。这个过程包括电子工程的设计、规划、安装和调试，以及从电子产品的创造到它的设计、使用、安装和调试等各个阶段。

工程概念有广义和狭义之分。广义上，工程是指包括人类所有活动的广阔领域，这包括社会生活中的众多方面，如211工程、"五个一"工程、安居工程、希望工程、引智工程、下岗再就业工程等。而狭义的工程特指那些与生产活动紧密相关，基于科学技术原理的实践活动，例如"三峡建设工程"、"南水北调工程"等。

关于工程的特点，我们可以总结为以下五个方面：①工程是基于原理的，即它根据科学技术原理来进行设计和执行。②工程有明确的目标，强调过程的重要性和效益的追求。③工程是通过具体的建造活动来实现的，无论是建房、造船、修桥还是铺路，都需要经过一系列的工序、工艺和预定的工期。④工程需要与环境相协调，尤其是大型工程的实施往往会对环境产生影响，因此工程与环境之间需要达到一种平衡。⑤工程是在特定的边界条件下进行的集成和优化的过程。

二、信息技术、信息系统与信息工程

(一) 信息技术

在中文里，"信息"原本的意思是消息。但随着科技的进步，这个词的含义已经发生了变化，现在在不同的领域有不同的解释，并且目前还没有一个统一的定义。一般来说，信息是用来帮助消除不确定性的资料。而控制论的创始人诺伯特·维纳认为，信息是人们在适应外部环境并与之互动的过程中，所交换的内容和名称。信息的传递离不开载体，如语言、文字、图像和数据等。这些携带信息的语言、文字、图像或数据被统称为消息，例如报纸上的文章、电台和电视台播出的节目等。为了实现信息的远距离传播，需要将信息转化为光、电等物理形态。这样，才能将消息传播到全球各地。在这个过程中，携带消息的光或电的变化被称为信号。

信息技术 (Information Technology, IT) 是有关信息的生成、收集、传递、识别、提取、转换、存储、处理、查询、监测、分析和利用等应用技术的总称。这些技术都是在信息科学的基础理论和方法指导下发展起来的，主要目的是增强人类处理信息的能力。

信息技术主要包括传感技术、通信技术和计算机技术等。其中，传感技术主要是增强人类感官的信息收集功能；通信技术则是提升人类神经系统的信息传递能力；计算机技术则加强了人类大脑在处理信息和做决策方面的能力。需要指出的是，这样的分类并不是非常严格，因为技术间的界限并不明显。例如，传感系统不仅处理信息，还负责收集信息；而在信息系统中，既有传递也有收集信息的功能。通信技术的快速发展令人瞩目。从早期的电话、电报、飞机、电视到现在的移动电话、传真机、卫星通信等，这些现代通信方式极大提升了数据和信息传输的效率，使得原本需要电信部门完成的任务，现在可以由各行政和业务部门的人员直接方便地完成，使通信技术成为办公自动化的重要支撑。计算机技术与现代通信技术共同构成了信息技术的核心。这个领域的技术也在迅速进步，设备越来越小型化，功能却越来越强大。计算机从大型机、中型机、小型机发展到微型机、笔记本电脑、便携式电脑。从个人计算机的286、386发展到486、586，再到奔腾、双核、64位处理器，计算机的应用也在持续扩展。例如，计算机在印刷出版行业的应用彻底改变了传统的印刷和出版方式；计算机处理系统改变了作家的写作习惯，引发了所谓的"换笔"革命；光盘的使用极大地提升了人类的信息存储能力，促进了电子图书这种新型电子出版物的诞生；此外，多媒体技术的发展使得音乐创作和动画制作等艺术形式变得更加普及。

信息技术目前尚未有一个通用的定义，目前较为有代表性的定义主要有以下6种：

①信息技术是利用微电子学、计算机技术与通信技术的结合，对声音、图像、文字及各类传感信号进行采集、处理、存储、传输和应用的能动技术。

②信息技术在计算机和通信技术的支持下，用于获取、处理、存储、转换、展示和传输文字、数字、图像、视频和音频信息，包括提供设备和提供信息服务两大方面的方法与设备的总称。

③信息技术集成了人类在认识和改造自然过程中积累的关于信息获取、传递、存储、处理和标准化的经验、知识和技术，以及这些经验和知识的应用。

④信息技术包括信息处理和管理中使用的科学原理、技术、工艺及其

在计算机交互及相关社会、经济、文化领域的应用。

⑤信息技术是一系列处理、开发和利用信息资源的方法、手段和操作程序，现代信息管理的核心技术主要包括文件组织技术和数据库技术。

⑥信息技术指的是可以增强或扩充人类信息处理能力的技术。

综合信息技术的本质和功能，可以认为：信息技术是一种扩充人类信息处理能力的技术，完成信息的获取、传递、处理和利用等功能的一种技术。

信息技术主要分为信息开发技术和管理技术。信息开发技术包括获取、处理和传递三个关键环节。具体来说，信息获取技术包括感测技术、模式识别、遥感和遥测等技术；信息处理技术则包括多媒体技术、人工智能和数据挖掘等技术；信息传递技术包括信息存储、各类通信系统模型、无线电通信、卫星通信、光纤通信、数据通信、计算机通信及综合业务数字网等多种技术。

(二) 信息系统

信息系统是为了支持决策和组织控制，通过收集、处理、存储和分发信息的一套互相关联的组件构成的技术系统。它不仅有助于决策、协作和控制，还能帮助管理者和员工分析问题、实现复杂问题的可视化，以及开发新产品。从商业的视角来看，信息系统是针对环境挑战而设计的、基于信息技术的组织管理方案。所谓的"信息系统"，通常是指依赖于计算机技术的系统。计算机基础的信息系统核心包括计算机软件、硬件、存储技术及电信设施。

(三) 信息工程

信息工程，是20世纪80年代初由美国知名的管理与信息技术专家詹姆斯·马丁提出的建立"计算机化企业"的理论与方法。此概念后由我国知名信息化专家高复先教授引入国内，并结合国内实际情况进行了深入研究和推广。信息工程强调数据环境集成的重要性，其核心是建立以数据为中心和数据稳定性为基础的数据规划。作为一门学科，信息工程采用信息工程方法论作为理论指导，依托现代数据库系统，涵盖多种技术和学科，目标是构建计算化的企业管理系统。

(四) 信息产业

信息产业是以信息作为核心资源，利用信息技术来研究、开发和应用这些资源的行业。它涉及信息的收集、生产、处理、传递、存储以及经营，目的是为经济发展和社会进步提供支持。在许多工业发达的国家中，信息被视为推动社会生产力和国民经济发展的关键资源。因此，信息产业常被称为国家的产业核心，也被视为新兴的第四产业。

在我国，关于信息产业的分类并不统一，但通常可以分为七个主要方面：①微电子产品的生产与销售；②计算机终端设备及其相关软件和硬件的开发、研究和销售；③各类信息材料产业；④信息服务业，包括数据信息、检索、查询和商务咨询；⑤通信业，包括计算机通信、卫星通信、电报、电话和邮政服务；⑥与各种制造业相关的信息技术；⑦大众传媒业，包括娱乐节目和图书情报等领域。

(五) 信息化

信息化指的是社会经济结构从依赖物质和能源转向以信息和知识为核心的变革。这是一个持续的发展过程，在这一过程中，社会必须不断采用现代信息技术，推动基于信息网络的资源开发和利用，从而显著提高社会劳动生产力。信息化不仅涉及技术革命和产业发展，而且逐渐成为推动全球经济和社会发展的关键因素，是现代文明进步的重要标志。

通常，信息产业的收入在国民生产总值中的比重以及信息从业者在就业人口中的比例，被用作衡量一个社会信息化程度的指标。当这两个指标超过 50% 时，一般认为已步入了一个成熟的信息社会。

三、电子信息技术与电子信息系统工程

(一) 电子信息技术

电子信息技术利用电子系统作为主要载体，涉及集成电路（IC）产业、计算机网络、无线通信技术等多个领域。这一技术不仅是综合性的，同时也具有高度的交叉性，其前沿性表现在它能够将电子与信息科技紧密结合，实

现数据与信息的高效处理与传递。

(二) 电子信息系统

电子信息系统则是通过电子技术与信息科学的融合，以及通信技术的支持，构建起来的复杂系统。这些系统主要关注信号加工处理或信息传输。在实际操作中，首先需要传感器捕捉自然界中的各种参数 (信息)，并将这些参数转换成电信号。接着，这些电信号会被预处理，包括放大和滤波等步骤，以提高信号的质量，确保有用信号与噪声之间的比例达到最优。在处理多个信号输入时，系统通过多路开关循环采集信号，并通过模数转换器转换为标准格式的数字信号，随后输入计算机进行进一步处理。信号处理的核心目标是提高信噪比，提取信号中的有效信息，如信号频谱中最丰富的部分。处理后的信号可以用于显示和控制。最终，为了实现显示与控制，由计算机生成的数据会通过 A/D 转换和信号恢复技术转换回模拟信号，并送回自然界。

(三) 电子信息工程

电子信息工程是信息产业的基础和核心支柱。它依托于电路与系统、信号与信息处理、电磁场与微波技术、计算机及软件技术等基本理念，研究与开发用于处理、交换及传输 (如通过无线、电缆、光缆等方式) 各种信息 (包括语音、文字、图像、雷达和遥感信息等) 的电子与信息系统。这一领域的发展，不仅推动了科技进步，也促进了社会与经济的全面发展。

第三节 系统建模与计算机辅助工具应用

在工程中，我们通常将能够独立实现设计功能的电路称为系统。本节所指的"系统"，特指电子信息处理系统。这一系统由以下几部分构成：①负责监测自然界原始物质运动参数的检测系统 (包括传感器、信号调理器、标准仪器放大器、A/D 转换器和数据采集器)；②数字信号处理和数字控制处理器；③数字显示系统；④控制信号输出与控制执行机构。这个系统是电子电路系统与计算机软件系统相结合的复合体。其中，参数检测及控制信号的输出和执行属于典型的电子电路系统，而信号处理与数字控制处理则是典型的计算机软件系统。

电子信息系统可以根据其固有特性被分为多种类型，包括线性与非线性系统、时变与时不变系统、即时与动态系统、连续与离散系统、集总参数与分布参数系统、确定性与随机系统等。在本节中，我们主要关注的是线性的、时不变的、离散或连续的、集总参数的、确定性系统。

一、系统分析

系统分析主要着重于探讨系统的基本特性。这里的"系统特性"指的是系统从输入到输出的变化过程，也就是电子电路或系统如何处理输入信号并产生输出。系统特性通常包含行为特性和参数特性。简单来说，系统分析关注的是系统的功能和行为，以及参数如何发挥作用，而不深入系统内部元器件的电压和电流细节。因此，系统分析更多的是对电子系统的一个抽象层面的分析，不涉及具体实施细节。我们学习系统分析通常是从具体的电子元件开始，逐步抽象到理解整个系统的行为。

（一）系统分析的基本概念

1. 激励与响应

在电子系统的研究中，我们通常将系统的输入称为"激励"，而将输出则称为对这些输入的"响应"。激励指的是外部信号输入系统中，而响应则是系统在这些外部信号激励下产生的输出信号或系统状态的变化。这表明，系统的行为特性完全由输入和输出的关系决定。在分析电子电路或系统时，确定系统的输入端和输出端是非常关键的。

2. 线性时不变系统

状态变量和输出变量对于所有可能输入变量和初始状态都满足叠加原理的系统。满足叠加原理的系统具有线性特性。

时不变系统是指系统的参数不随时间而变化，即不管输入信号作用的时间先后，输出信号响应的形状均相同的系统。

线性时不变系统，简称 LTI 系统，既展现线性特性，又具备时不变的属性。它的一个核心特点就是，无论在什么时候，不管输入的组合方式如何变化，其输出的效果都是可以预测的，因为系统的各项参数都是固定的。这种系统从理论上来讲，是最为简单和容易理解的，也因此在实际操作中较易实现。LTI 系统通常通过几种基本的数学方法来描述，包括线性常系数微分方程、单位冲激响应和卷积积分等。如果一个系统完全由线性时不变的元件构成，那么这个系统就是一个纯粹的 LTI 系统。相反，如果系统包含非线性元件，它不必然是一个非线性系统。

（二）系统建模与模型化分析

系统建模，亦称为系统描述，构成了对系统进行详细分析的基础。简言之，系统建模是利用数学表达式来展现系统的输入与输出之间的关系。这种表达系统输入和输出关系的数学表达式被称为系统方程。一旦电子电路或系统的输入端与输出端确定，便可借助系统方程来具体描述该电子电路或系统。系统方程是进行电子电路或系统研究、分析及设计的基本工具和起点。

实际操作中的系统或装置通常较为复杂，为了能更迅速、更准确地掌握并分析实际系统的性能，通常会采用简化处理，即模型化分析方法。这种方法是将实体的物理系统转化为以数学表达式描述的电路模型（采用理想化的电路元件符号表示），然后运用数学方法对其进行深入分析，对分析结果进行物理解释，使之具有实际物理意义，通过数学解析后再回到物理现实。

1. 系统中的模型概念

在工程实践中，系统分析的目标是解决以下几个关键问题：①元器件和电路的功能。②元器件和电路的性能指标。③元器件和电路性能指标的调整方法。

解决这些问题的关键，便是准确建立电子系统的模型。因此，在电子信息工程领域的研究中，构建系统模型成为分析各种器件、电路和系统的首要步骤。

所谓模型，是对研究对象的一种描述，既可以是物理描述，也可以是数学描述。模型之所以与实际系统有所不同，是因为它突出表现了研究者所关心的特定部分。例如，对于集成电路的设计者，若关注于器件的功率损耗，便可构建一个相关的功率损耗模型；若关注器件的功能，便可以建立一个功能模型；若关注器件的物理结构，则可构建一个相应的等效电路。由此可见，模型为电子系统的分析提供了坚实的基础。

2. 系统的描述方法

由于电子系统描述的是基础电路和元器件，而电路与元器件的描述中采用的是理想状态和简化概念，因此，系统方程主要是对这些元器件或电路理想行为的数学描述。

（1）系统时域描述

系统时域描述是基于时间这一变量来构建系统行为的数学模型。具体来说，它涉及微分方程或微分方程组，这些方程描述了系统输入与输出之间的关系。系统时域描述的核心目的是通过解这些方程，来了解系统随时间变化的输出行为。简单地说，如果我们知道输入信号和系统初始的状态，就能通过这些方程预测系统的输出行为。

（2）系统的频域描述

与时域描述以时间为基础不同，系统的频域描述则是以频率为核心的数学模型。它主要包含的是描述系统行为特性的代数方程组。这种频域的描述可以从电路图直接获取，或者通过对时域的微分方程进行变换得到。

微分方程与频域的代数方程组是对同一系统的不同面向描述，因此它们之间可以进行转换。在电子工程中，常用的转换方法包括拉普拉斯变换、Z变换和傅里叶变换。这些变换允许我们在时域描述和频域描述之间自由切换，前提是系统满足线性时不变（LTI）的条件。通过这种方式，工程师可以根据需要选择最适合的分析方法来研究电子系统。

3. 电子系统建模

系统建模包括系统、电路和器件的建模。所谓建模，就是构建被分析对象的物理及分析模型。在这一过程中，物理模型主要用于凸显电子系统的物理属性，这包括系统的构架、功能实现方式、参数对系统的影响等。而分析模型则基于物理模型，通过应用相关的物理法则与数学手段，对电子系统进行结构性描述。电子系统建模本质上是对电子系统进行一种工程上的描述，这种描述建立在系统的应用限制、具体结构及其应用目的之上。通过分析物理模型，得到的分析模型为电子系统的分析与设计提供了基础。电子系统的物理模型包括系统的结构图、功能图与电路图。

分析模型是系统的基本数学模型，这一模型展示了系统各部分的相互作用及其对系统功能的影响。通过构建这些数学模型，我们能够清楚地理解系统的基本行为与参数特性。分析模型不仅是电子系统设计和调试的重要基础，也是使用该系统时的关键参考。

4.模型化分析方法

电子系统的物理基础是物理电磁现象。若直接利用这些复杂的物理电磁现象来分析电子系统，不仅效率低下，而且难以实施。因此，工程师通常会采用一种更为简洁的方法，即模型化分析方法，这种方法通过简化、近似及理想化的手段来分析电子电路和系统。

在电子系统及电路分析的实际操作中，首先需要对各种电子元器件如电源器、电阻器、电感器、电容器以及双极性晶体管、场效应晶体管等进行模型化处理。这些元器件的物理过程极为复杂，为了有效研究它们的功能和特性，工程师们通常会进行科学抽象，使用各种简化和理想化的模型来代表这些元器件。这些被简化后的模型被称为电路模型，每种电路模型都具备描述其关键特性的数学表达式，并配有表示电压与电流关系的图表，从而使工程师能够直观、清晰地理解这些元器件的性能。

在电子元器件的电路模型建立之后，工程师会根据电子电路与系统的具体结构，构建整个电路与系统的模型。接着，通过应用电路和网络分析的基本方法和理论，计算在不同外部激励下系统的响应。这些计算帮助工程师综合得出系统完整的激励响应图像，并据此来分析电路与系统的各种性能。

虽然模型化分析方法可能在某些情况下牺牲了一定的精度，但它有效地揭示了系统和电路的本质特征，极大地促进了对电子系统特性的理解和分析。这种方法不仅加快了分析过程，而且提高了分析的可操作性。基于对模型化分析方法的洞察，工程师可以进一步制定出符合预期性能要求的设计策略，以确保电子系统在实际应用中的最优表现。

5.电路模型分析

(1)约束条件

每个元器件或电路的设计都旨在完成特定的工程任务，例如一个放大器，其设计目的是将微弱的电压或电流增强到所需的程度。为实现这一功能，元器件或电路必须满足特定的技术性能指标，这些性能指标确保元器件或电路在规定的功能和性能技术指标下正常工作。在分析元器件或电路时，首先需确定其约束条件，这些条件是构建电路模型分析的基础。约束条件可以分为外部与内部两种，外部约束条件关乎元器件、电路或系统在正常运行时所需的外界环境，如合适的环境温度、电源电压范围，以及与其他元器件、电路或系统的连接需求。而内部约束条件是指元器件或电子系统的具体技术参数，如双极型三极管的电流放大倍数、数字电路的输出系数等，这些都是设计电子元器件或系统时必须遵循的技术规范。

（2）电路模型建立与分析

电路模型是指用电路元件、结构和参数来描述实际的电路或系统。建立电路模型的主要目的在于描述、分析和设计实际电路。对于含有半导体元件的电路，不论是简易还是复杂的电路系统，电路模型都是进行分析和仿真的基础。若缺少模型，我们既无法分析电路的具体特性，也无法提出设计上的技术要求，更无法进行定量的分析和精确计算。在工程技术领域，模型分析不仅是一个核心概念，同时也是一种关键的分析方法。

电子系统的基础概念为建模提供了必要的约束条件和描述框架，数学分析和工程计算为建模过程提供了技术手段，而仿真分析则是验证模型的重要技术手段。

有关电路或电子系统的建模与分析方法可以归纳为电路的基本约束条件、模型的基本描述方法和电路的仿真类型三个方面。

①电路的基本约束条件

电路的基本约束条件是确保电路在正常工作范围内顺利运行的必要条件，这些条件对电路模型的建立至关重要。每个电路模型的构建都必须遵循特定的约束，这些约束定义了模型的有效范围和基础。在模拟电路设计中，基本约束条件是构建模型的起点，指出模型建立和适用的具体环境和参数。这些基本条件包括线性时不变条件、温度条件、频率条件、功率条件和静态工作条件。

第一，线性时不变条件。模拟电路的核心部件为半导体元件，它们天然具备非线性特点。为此，将模型线性化成为一项基本的约束条件。此外，为确保能够对电路参数及其物理量进行精确计算，必须保证电路结构随时间保持不变，即电路参数不应随时间而变化。因此，模型的时不变性也是一项关键的约束。如果模型中所有参数均为常数，那么该电路便是线性时不变的，简称 LTI 电路。进行定量分析和精确计算时，必须明确参数 β 的变化规律。不论是模拟电路还是数字电路，线性时不变条件都是其正常工作的基本前提。

第二，温度条件。电路中，尤其是半导体元件，其电学参数与温度紧密相关，表现出显著的温度特性。不同的温度可能导致元件的电学参数发生变化，进而影响模型参数。因此，温度对电路参数的影响极为重要。为满足定量分析与精确计算的需求，电路元件及其结构参数在一定的温度范围内应保持不变，这就形成了电路模型建立时的温度约束条件。在模型建立过程中，必须明确模型适用的温度范围。

第三，频率条件。从物理和频率分析的角度出发，每个电路都有自己独特的频率特性，这意味着电路对不同频率的信号有不同的反应。这些反应可以体现为电路在不同频率下的参数和结构特征的变化。对于模拟电路来说，频率条件直接影响电路的频率性能指标。而对于数字电路，频率条件则对电路的时间特性，比如门电路，提出了具体的设计要求。例如，在考虑 MOS 管的低频小信号模型时，一个基本的应用前提是信号频率很低，以至于可以忽视寄生电容的影响，这相当于认为对于工作频率来说，寄生电容是断开的（容抗极大）。

第四，功率条件。功率条件决定了电路的基本输出能力，是评价电路性能的一个重要指标，也是构建电路模型时的重要约束。在电路理论和技术研究中，功率不仅是一个核心参数，还是衡量电路性能的关键特征。各种电路，尤其是包含半导体器件的电路，都可以视为具有特定控制源的电路。这种受控源的功能和参数，与功率条件密切相关。在构建受控源模型时，必须明确在什么样的功率输出条件下电路模型是有效的，以及在什么样的功率条件下可以安全使用电路。

第五，静态工作条件。静态工作点是电路的一个重要的特征，特别是具有半导体器件的电路和集成电路，静态工作点更是电路模型的一个重要约束条件。静态工作条件包括电源电压和器件的工作点，这些条件对电路的性能有重要影响，决定了电路能否在特定条件下保持稳定的性能，如线性时不变性或特定的频率特性。因此，在构建电路模型时，我们需要明确电路的静态工作点，这也是使用模型的前提之一。以 MOS 管或双极型三极管设计的单管放大器为例，它的交流放大功能只有在达到特定的静态工作点时才有效。如果未能满足这些条件，放大器可能会因为饱和或截止而导致失真，影响其正常工作。

通过分析电路建模时的约束条件，我们可以得出结论：一个电路模型是在一定的约束条件下建立的，因此这些条件是模型正确应用的必要条件。在对电路进行建模之前，必须首先确定相关的约束条件。

②模型的基本描述方法

在确定约束条件的前提下，可以用以下四种方法建立模拟或数字电子系统的模型：

第一，"电路模型"：这种方法通过用电路符号来代表真实的元件，来描述实际的工程电路，形成了所谓的电路模型。在这个过程中，我们会根据实际需求设定约束条件，并对电路进行简化。比如，使用直线代替元件间的连接线路，并忽略一些元器件的复杂属性（如频率特性），这样的描述形式基本上是我们常见的电路原理图。

第二，"等效电路模型"：在分析特定电路时，直接使用电路原理图有时会遇到困难，比如在处理交流信号或半导体元件时。为了解决这类问题，我们通常会使用电路理论中提供的基本元件（包括线性与非线性元件）来替代实际电路。这样，我们就能构建一个具有类似功能、特性和参数的模型，这就是等效电路模型。例如，在分析交流小信号放大电路时，我们可能会采用双极型三极管或 MOS 管的低频小信号模型来建立交流的等效电路。这样的模型能够帮助我们更精确地分析和预测电路的行为。

第三，"二端口网络分析模型"：这种模型将电路视为一个黑盒子，即我们并不知道它的内部结构、功能和参数。通过在两个端口上测试电压和电流之间的关系，我们可以确定二端口网络的四个基本参数，从而构建出电路的模型。电子线路实质上可以被看作一个二端口网络，因此可以使用这种分析模型来构建相应的电路模型。在应用二端口网络分析模型时，首先需要明确电路的约束条件。如果无法确定例如双极型三极管电路的静态工作条件或其线性时不变（LTI）特性，我们就无法通过简单的电路测试来准确建立模型。二端口网络分析的一个显著优势在于，它允许我们在不考虑电路具体结构的情况下，仅通过端口测试来获得模型。此外，还可以根据二端口网络模型直接构建等效电路模型。然而，二端口网络分析的局限性在于，如果电路是完全未知的"黑盒子"，单凭测试往往难以确定其具体的约束条件。

第四，"分析模型"：指用解析表达式描述的电子线路，是电子线路的重要模型。分析模型能够直接提供电路的行为方程（如动力学方程、传递函数等），解释电路参数之间的物理关系及它们的意义。分析模型可以基于二端口网络模型、等效电路模型或通过曲线拟合来建立，因此它是一种具有间接特性的电路模型。这种间接特性表现在分析模型的约束条件必须与原始模型的约束条件相一致。分析模型在电子线路设计中扮演着基础角色。在设计电子线路，如放大电路时，设计师首先会根据特定要求确定电路的约束条件。在这些约束条件的框架下，设计师会提出相应的传输函数，作为具体电路设计的依据。这些传输函数不仅指导电路的设计，还作为分析电路性能的重要参考。总的来说，分析模型是电子线路设计的一种表现形式，它帮助设计师将理论与实践有效结合，以确保设计满足既定的性能标准。

（3）电路的仿真模型

在现代电子技术中，仿真技术已经成为一种常用的分析与设计手段。所谓的"仿真模型"，指的是适合于运用在仿真软件中的电路描述方法。这些方法包括使用专门的仿真软件（如 Spice 或 Simulink）来描述电路，或者用编程语言（如 C 语言）来处理电路的计算。与传统的电路结构或可见的等效电路不同，仿真模型以计算机程序的形式存在，这使它们更适合进行计算机仿真。

仿真模型的一个主要特点是它的程序性。这种模型通常建立在前述的各种电路模型之上，但并不需要与这些基础模型保持一致的约束条件。这是因为，在建立仿真模型时，我们通常不要求该模型必须具备与基础模型相同的条件，甚至可以利用仿真模型来确定基础模型的约束条件。在仿真过程中，只根据设定的参数范围对电路的各个变量进行计算，而无须考虑基础模型的具体约束条件。从这个角度看，仿真模型具有两个明显的特点：①允许我们在选定的元件模型的基础上，对电路的真实特性进行仿真分析。在电子线路分析中，这种模型往往是确定电路模型约束条件的一个重要手段。②如果采用理想元件的描述来建立仿真模型，进行的仿真将是一种无约束条件的仿真。因此，在使用仿真模型分析电路时，需要特别注意这一点。所谓"无约束条件"，是指在设计仿真模型和进行分析之前，设计者可以不考虑如LTI（线性时不变）、温度、频率等电路的特定约束条件，而直接进行仿真分析，之后根据仿真结果来推导出相应的约束条件。这种无约束的模型常常被用来验证其他电路模型。

在实际操作中，建立仿真模型的方法多种多样，包括图形输入、编程语言输入及函数输入等方式。当前最常见的仿真工具之一是用于描述电路的 Spice 程序。通过这些工具和方法，设计师能够在不实际搭建电路的情况下，预测并分析电路的行为，从而在电子设计的初期阶段就优化电路性能和功能。总之，仿真模型作为一种高效的工具，为电子技术的发展提供了强大的支持，使得设计更加精确和高效。

二、电子系统的设计与实现及计算机辅助设计工具

（一）电子系统的设计与实现

现代电子信息系统大多是数字系统，它一般由系统的典型结构和系统的信息处理算法两部分组成。信息系统的典型结构包括非电量的转换、信号的预处理和数字与采集、数模转换和平滑、反馈控制、信息显示等。信息处理部分主要实现各种信息处理算法，包括信号分析、数字滤波、信号的压缩和解压缩等。设计与实现的步骤如下：

①全面分析系统需求，明确系统应具备的功能和性能标准。

②设计系统的总体框图。依据电子信息系统的基本知识，运用一些标准电路和信号处理技术来划分子系统。

③基于系统需求，对总框图中的子系统进行性能分配，并定义及协调子系统之间的接口，力求实现最佳的整体性能。

④着手子系统的设计与调试工作，确保它们能满足预定的功能和性能标准。

⑤进行整体调试，将各个子系统连接，组建成完整的信息处理系统，并进行系统的整体调试。在系统调试完成后，进行系统测试和评估，若发现问题，需回到第三步骤，重新设计和调试，直至系统达到满意的标准。

(二) 计算机辅助设计工具

电子设计自动化（Electronic Design Automation，EDA）涵盖电子线路计算机辅助设计（CAD）。电子系统的 EDA 主要应用于 PC、工作站以及网络资源，是专门用于电子系统设计和分析的计算软件。EDA 的功能覆盖了电路设计与分析、印刷电路板（PCB）设计、电子元器件和集成电路设计，以及电子元器件和电子系统的应用、开发和管理等方面。

传统电路设计过程中，通常需要绘制电路图、搭建实验电路、制作电路板及其测试分析等步骤，这不仅劳动强度大，而且纠错过程复杂。而采用 EDA 软件进行电路设计和仿真分析，可以显著缩短设计周期。EDA 软件通常具备设计规则检查和电气性能检查等功能，有效减少了返工和错误率。

1. EDA 的主要作用

EDA 的主要作用是验证电路方案设计的正确性、优化设计电路特性、对电路特性进行仿真测试。

（1）验证电路方案设计的正确性

当系统功能确定以后，首先通过系统仿真或结构模拟来验证方案的可行性，这需要确定系统各部分的传递函数（数学模型）。这种系统仿真技术不仅可以应用于电子专业以外的其他专业系统设计，还可用于验证新理论或新构思的设计方案。通过对系统各电路结构的模拟分析，可以评估电路设计的正确性和性能指标的可实现性。这种精确的量化分析对提高设计水平和产品质量具有极大的意义。

（2）电路特性的优化设计

电路的工作稳定性会受到器件参数的容差和环境温度的影响。传统的设计方法往往难以全面分析这些影响，从而难以优化电路设计。通过 EDA 的温度分析与统计分析功能，不仅可以分析在不同温度条件下的电路特性，还可以对器件容差的影响进行综合计算分析。这包括：①对不同容差特性进行多次追踪分析（蒙特卡洛分析）；②单独计算每个器件容差对电路的具体影响（灵敏度分析）；③评估所有器件容差对电路性能的最大影响（最坏情况分析）。采用这些统计分析方法，可以确定最优的元件参数和电路结构，并适当设置系统的稳定度，以达到真正的电路优化设计。

（3）实现电路特性的仿真测试

在电子电路的设计过程中，进行数据测试和特性分析是一项重要工作。但是，受限于测试手段和仪器的精度，某些测试项目难以或无法进行，例如超高频电路的微弱信号测量和噪声测量，或是某些功率输出电路中破坏性的器件极限参数测试；还有高温、高电压、大电流的测试等。通过采用 EDA 进行模型仿真计算，可以方便地进行全功能测试，同时直接模拟各种工作环境下的电路特性，而不会对器件或电路造成损害，这种方法比传统的设计方式更为经济。

2. 几种常用的 EDA 软件

在全球范围内，伯克利分校开发的 Spice 程序是最著名的 EDA 工具之一。Spice 不仅奠定了使用计算机模拟电子电路的基础，而且其设计、分析和仿真功能已成为许多 EDA 工具的核心部分。在电路设计领域，有几种常用的 EDA 软件备受推崇。例如，ORCAD 公司的 ORCAD 系列、Altium 公司的 Protel 系列产品，以及 Multisim 电路设计软件都是设计师们经常使用的工具。此外，还有 System View 的系统模拟软件、美国国家公司的 Lab-VIEW 虚拟仪器软件，以及美国 Mathworks 公司的 MATLAB 科学计算软件，这些软件都具有强大的功能，广泛应用于电路设计和系统仿真。

第二章　电子信息技术

第一节　信息与信息技术

一、信息概述

作为一个科学概念以及科学研究对象，信息的出现只有半个多世纪的历史。在信息科学的形成过程中，人们对信息的具体含义、基本性质、信息的效用等问题进行了多方面的探讨。

在自然科学领域，一方面，信息本身的研究已经从香农信息论中的概率信息逐步扩展到语法信息、语义信息和语用信息等领域，这些研究与信道理论的研究一起为现代信息处理技术和信息传输技术的进一步发展准备了理论条件；另一方面，从信息传递和变换过程的研究出发，逐渐形成了一般控制理论和一般系统理论。以信息观点为核心，在20世纪70年代又先后诞生了耗散结构理论、超循环理论和混沌理论等众多新的理论。

在社会科学领域，信息科学的研究也取得了丰硕的成果。人们通过对信息的效用性、稀缺性、成本、价值的研究，发现信息具有完备的经济属性，从而在理论上确立了信息作为经济资源的重要地位。

凡是物质的形态、性能随时空变化以及人类的社会活动都能产生信息，我们时刻都在接触信息。近二十年来，虽然信息一词被广泛使用，但对其内涵和外延有许多解释，至今尚无定论。不过，关于信息有两点应明确：①信息在客观上是反映某一客观事物的现实情况。②信息在主观上是可接受、可利用的，并指导我们的行动。

(一) 信息的定义

信息的广义定义：信息是一种已经被加工为特定形式的数据。这种数据形式对接收者来说是有确定意义的，对人们当前和未来的活动产生影响并具有实际价值。

信息是一个正在不断发展和变化的概念，并且以其不断扩展的内涵和外延渗透到人类社会和科学技术的众多领域。信息的增长速度和利用程度，已成为现代社会文明和科技进步的重要标志之一。

信息就是信息，既不是物质，也不是能量。信息是人们在适应外部世界并且使之反作用于外部世界的过程中，同外部世界进行交换内容的名称。

因此，我们对信息的理解为：①信息是表现事物特征的一种普遍形式；②信息是数据加工的结果；③信息是数据的含义，数据是信息的载体；④信息是帮助人们做出决策的知识；⑤信息是实体、属性、价值所构成的三重组。

（二）信息的表示

信息一般表现为四种形态，即数据、文本、声音、图像。

1. 数据

数据通常被人们理解为"数字"，这不算错，但不全面。从信息科学的角度来考察，数据是指电子计算机能够生成和处理的所有事实、数字、文字、符号等。当文本、声音、图像在计算机里被简化成"0"和"1"的原始单位时，它们便成了数据。

2. 文本

文本是书面（叙述性的）信息。人们可以输入它、打印它，或者用手写它。当人们浏览报纸、翻阅杂志、阅读信件或者推敲租赁协议上难懂的条文时，就是在使用文本信息。

体育比赛中的比赛分数和统计数据只是给出一次比赛的部分信息，这就说明了为什么报纸和杂志总是提供一段文本来强调关键比赛。如果没有这一段附加信息，就不可能完全弄清关于比赛的报道。

3. 声音

人们从报纸上看到的那些比赛统计数据，也可以通过赛场上的广播听到。这就是口头信息——通过声音传达的信息。你是否曾打电话查询电话号码，并且听到一个类似于人（但肯定不是人）的声音报出号码？这也是口头信息——通过计算机产生的声音所传达的信息。

实际上，任何声音都可以被计算机系统采集，在网络上进行传输，或者通过一种由计算机控制的设备输出。现在，让人对着与计算机连接的麦克风说话来输入声音的做法已经很普遍了。

4. 图像

图像是一种可视形态的信息。图像可以用来对数据进行总结，就像图表那样，也可以采用直线、图画或者照片形式。很多多媒体演示文稿运用动画技术在屏幕上生动地展示文字和图像。

(三) 信息的功能

一旦信息被数字化——变成"0"和"1"，所有形态的信息在以后的三种功能中都能加以处理，就好像它们根本就是一码事一样。当照片被分解（"读"）成数字时，图中的每一个点都被赋予一定的值，然后，照片便能通过电话或卫星发送出去或接收过来。数字录音带（DAT）在把声音存进去以后，也要经过类似的处理。

1. 处理信息

信息处理是计算机对人类的一大贡献。计算机首先进行数据处理，然后进行文字处理、声音和图像处理。计算机的处理功能包括转换、编辑、分析、计算和合成。由于利用了半导体技术，信息才得以操作和转变。

2. 储存信息

储存信息通常是指用信息的四种形态中的一种来取得信息，并将其保存下来，供日后使用。数字化的信息储存在电脑、软盘、光盘等媒介之中。

3. 传输信息

信息传输之所以能够实现，是因为有了电话等技术手段。在当代有线通信中，传输就是在同轴电缆上用电磁波的速度，或在光纤电缆上用光的速度，把各种形态的信息从一端传向另一端。储存是跨越时间来传输信息，而传输则是跨越空间来传输信息。

二、信息的特征

(一) 客观性

信息的客观性是指信息是客观存在的。信息的产生源于物质，信息产生后又必须依附于物质，因此信息包含于任何物质中。

（二）时效性

时效性是指信息应能反映事物最新的变化状态。例如，基于知识的信息产业是竞争最激烈、变化最急剧的产业，在这一领域，对知识与信息的获取与利用哪怕只领先或落后几个星期、几天，甚至几个小时，都足以使一个企业成就辉煌或面临破产。

（三）社会性

信息一开始就直接联系于社会应用，它只有经过人类的加工、取舍、组合，并通过一定的形式表现出来，才真正具有使用价值。信息化的发展表现为对国家或世界的社会、政治、经济、文化和日常生活等各个方面的深刻影响或改变。

（四）传递性

信息的传递性是指任何信息只有从信源出发，经过信道载体的传递，才能被信宿接收并进行处理和运用。这也就是说，信息可以在时间上或空间上从一点转移至另一点，可以通过语言、动作、文字、通信、计算机等各种媒介来传递，而且信息的传递不受时间和空间的限制。信息在空间中的传递称为通信，信息在时间上的传递称为存储。

（五）可存储性

信息从信源发出后，其自身的信息量并没有减少，即信息并不因为被使用而消失，它可以被大量复制、长期保存、重复使用。信息的提供者并不因为提供信息而失去了原有的信息内容和信息量，各用户分享的信息份额也不因为分享人的多少而受影响。

（六）共享性

信息的共享性主要是指信息作为一种资源，不同个体或群体在同一时间或不同时间均可使用这种资源。

(七) 能动性

信息的产生、存在和流通依赖于物质和能量的流动,反过来,信息又能动地控制或支配物质和能量的流动,并对改变其价值产生影响。例如,信息社会的新型人才必须具备很强的信息获取、信息分析和信息加工的能力,这不仅是信息社会经济发展对新型人才提出的基本要求,也是推动信息社会向前发展的基础。

上述这些特点构成了信息最重要的自然属性。另外,信息作为社会的宝贵资源,已不可或缺地渗透至各行各业,彰显其重要性。人类获取、积累并利用信息是认识和改造客观世界的必要过程。借助信息,人类才能获得知识,才能有效地组织各种社会活动。因此,信息是人类维持正常活动不可缺少的资源。

三、信息技术

(一) 信息技术的发展

1. 语言的诞生

语言的诞生可视为人类历史上出现的第一次信息技术革命,它标志着人类开始从猿进化成人。语言成为人类早期社会特有的信息交流与加工工具,人类依靠语言表达并辅以动作比画进行信息交流,采用结绳记事的方法记录和存储信息,掐指计算成为信息处理的主要方式。但随着社会的不断发展,这样的信息交流和处理方式逐渐不能满足信息传递的需要,单靠语言交流,表达的信息量少,传播范围小,其经验、事件不能记载保留,限制了当时社会的进一步发展。

2. 文字的创造

第二次信息技术革命的标志是文字的创造。就信息而言,只有文字的出现才可视为真正意义上的存储和传播,它使人类间的信息传播突破了只能面对面的语言交流形式,从此人类可以跨越时空障碍来传播信息,使信息源远流长。

3.造纸术与印刷术的发明

造纸术和印刷术的发明被视为人类社会的第三次信息技术革命。这一发明使人类社会拥有了当时最优的信息载体，以及快速、方便的信息加工处理手段，拓宽了信息传播的范围。文字、造纸术和印刷术的出现，以及与后来诞生的邮政制度的结合，对信息的快速传播产生了极其深远的影响。

4.电子技术

电话、电报、广播、电影、电视等现代信息的通信技术和传播技术相继问世，代表着信息技术发生了第四次革命性的变化。发明于19世纪中期的摄影技术，使人类活动和自然界变化过程中的图景得以留存，克服了只能依赖文字、符号、绘画等手段记录信息的不足。19世纪中后期，电报的发明、无线电通信技术的应用，使得人类远距离高速信息传播进入新境界，电话的发明使人的声音可以跨越万水千山，远隔重洋传播，使"顺风耳"的神话变为现实。19世纪末期，电影的诞生使人类掌握了一种全新的传播媒体，获得了一种新的娱乐形式。20世纪初期，无线电广播的发明，实现了一点对多点的声音信息传播，使众多新闻信息及时传达到人们的耳畔，成为最早的电子大众传媒。20世纪中期，电视的发明和发展，又是信息技术的一项重大成果。电视传播声像并茂，色彩生动，并且能够远距离传送，将世界上正在发生的事情原本地展现在观众面前，这使得人们获取信息的方式发生了巨大的变化，并对人类的社会生活产生了广泛而深刻的影响。

5.计算机与互联网

20世纪中叶以来，现代信息技术发展迅猛，它是以微电子技术为基础技术，以计算机技术和现代通信技术为主要代表，包括信息获取技术、信息处理技术、信息传递技术、信息存储技术等方面。20世纪80年代以来，计算机网络的出现和使用，改变了人们传统的生产和生活方式，利用网络就可以查阅大洋彼岸的计算机中的文件、资料和文献，可以在家中上班、就医和购物，这说明真正的信息时代已经到来。

（二）信息技术概述

信息技术（Information Technology，IT）是指获取、处理、传递、存储、使用信息的技术，是能够扩展人们的信息功能的技术。它集通信（Communication）技术、计算机（Computer）技术和控制（Control）技术于一体，其内容包括信息采集技术、信息存储技术、信息检索技术、信息处理技术和信息控制技术。

1. 信息采集技术

信息采集技术是指能有效地扩展人类感觉器官的感知域、灵敏度、分辨力和作用范围的技术，包括传感、测量、识别和遥感、遥测等技术，但目前广泛使用的主要是传感技术、遥测技术、遥感技术和全球卫星定位技术等。

（1）传感技术

传感技术也称传感器技术，主要是开发和研制能感知外界环境信息的人造感觉器官（各类传感器），实现对生物及其环境因子的检测，如机器视觉、电子鼻和电子舌等。

（2）遥测技术

遥测技术是对被测对象的某些参数进行远距离测量的一种信息获取技术，其系统一般由传感器、通信设备和数据处理设备三部分构成。

（3）遥感技术

遥感技术是指从不同高度的平台上（包括近地面、远距离高空及外层空间），利用各种传感器接收来自地球表面各类地物的电磁波信息，并对这些信息进行扫描和摄影、传输和处理，从而对地表各类地物和现象进行远距离探测及识别的现代综合技术。

（4）全球卫星定位技术

全球卫星定位技术是利用人造地球卫星进行点位测量的技术，使用它可以标示出农业信息采集点的精确空间位置。

2. 信息存储技术

现代信息存储技术主要是指以磁、光介质为载体的数字化存储介质和以缩微胶片为载体的大容量存储介质的现代存储技术，如磁盘、光盘、移动存储器、外存储设备等。

3. 信息检索技术

信息检索技术是指信息的搜索技术以及信息匹配过程采用的算法。不同检索系统采用的检索技术可能不一样，而采用何种检索技术与信息的组织结构有密切关系。目前常用的检索技术有布尔逻辑检索、加权检索、全文检索、超文本检索以及模式识别等。

4. 信息处理技术

信息处理技术就是应用计算机硬件、软件及数字传输网，对信息进行文字、图形、特征识别，信息与交换码之间的转换，信息的整理、加工、生成，以及利用数据库、知识库实现信息存储和积累的技术。信息有序化处理包括信息著录、标引、分类以及自动编制文摘技术等。

（1）信息著录

信息著录简称著录，是指在组织检索系统时对文献内容和形式特征进行选择和记录的过程。信息著录是组织检索系统的基础，是信息存储过程中的一个重要环节。著录的对象是信息，包括图书、期刊、文件、网络资源等。信息著录的结果是款目或称记录。准确性和规范化是信息著录的基本要求。

（2）自动标引

自动标引是根据计算机内信息（标题、文摘或全文），借助一定的算法自动给出反映文献（信息）主题内容的词汇（关键词、主题词等）的技术。常用的计算机自动标引技术有词频统计、位置加权等方法。

（3）自动分类技术

自动分类是利用计算机分析信息（文献）内容，并为其自动聚类或赋予分类号的技术。有关自动分类的研究主要有两种思路：第一，利用现有的分类词表进行自动分类研究；第二，直接对信息（文献）进行相似性比较，将相似程度高的信息聚集成类，最终将信息分门别类地组织和标识。

（4）自动编制文摘技术

自动编制文摘是指利用计算机编制文摘。计算机通过"阅读"全文，采用一定的处理技术和算法，抽取文中主题句构造出文摘。自动编制文摘的常用技术和方法有词频统计法、特殊位置加权统计法、标题词法和提示短语选取法等。

5. 信息控制技术

信息控制技术的功能是根据输入的指令信息（决策信息）对外部事物的运动状态和方式实施干预，是效应器官功能的扩展延伸。主要包括显现技术、人机接口技术、遥控技术、自动控制技术、机器人技术等。

在信息技术的四大内容中，信息传递技术和信息处理技术是整个信息技术的核心，而信息采集技术、信息控制技术是核心与外部世界的接口，四者构成了一个完整的功能体系，并与人的信息器官及其功能系统相对应。其内容互相综合，已形成多项应用开发技术，如数据库技术、人工智能、专家系统、遥感技术、地理信息系统、全球定位系统、计算机辅助决策系统、自动控制技术、多媒体技术、计算机网络技术等。

第二节　计算机系统

一、计算机系统的组成和层次结构

(一) 计算机系统的组成

计算机系统由计算机硬件和计算机软件两大部分组成。计算机硬件是指由电子线路、元器件和机械部件等构成的具体装置，是看得见、摸得着的实体，是机器系统；计算机软件是在计算机中运行的程序和所使用的数据以及相应文档的集合。计算机硬件是计算机的肌体，计算机软件则是计算机的灵魂。

(二) 计算机系统的层次结构

由计算机硬件和软件系统组成的计算机系统，可用层次结构来表示。

从计算机系统层次结构来看，应明确三点：①指令系统是裸机与软件的接口。②计算机与其他电子设备不同。一般电器接上电源即可工作；而计算机如果没有软件支持，而只有裸机，即便接上电源，也不能工作。③操作系统是用户与计算机硬件的接口，是用户的工作平台。

二、计算机硬件系统

(一) 输入设备

输入设备是指将数据输入计算机中的设备，人们要向计算机发出指令，就必须通过输入设备进行。在计算机产生初期，输入设备是一台读孔的机器，它只能输入"0"和"1"两种数字。随着高级语言的出现，人们逐渐发明了键盘、鼠标、扫描仪和手写板等输入设备，使数据输入变得简单也更容易操作了。

键盘是最常用的输入设备，它是现代计算机系统，特别是微型计算机系统中不可缺少的人机对话工具，用来输入主要由字符和数字组成的数据和程序。键盘的按键包括数字键、字母键、符号键、功能键和控制键。每个按键都对应它唯一的代码，当把某个键按下去时，键盘驱动电路发出一串代码，键盘的控制电路接收并向 CPU 发出请求，CPU 响应请求后就会读入此数据。所以，从本质上讲，键盘是通过按键把机械信号转换为电信号的机电转换设备。

鼠标器用以确定显示器屏幕位置坐标，是近年来在一些菜单式软件和图形系统中常用的输入设备。鼠标器使用方便灵活、可靠，它的应用日趋广泛。

扫描仪是一种能够把纸质或胶片上的信息通过扫描的方式转换并输入计算机中的外部设备。有些扫描仪还带有图文自动识别处理的功能，完全代替了手工键盘方式输入文字，用户可以方便地对扫描输入后的文字或图形进行编辑。

其他输入设备还有把图形的模拟量转换成数字量输入计算机的图形输入设备——图形数字化仪；在显示器屏幕上输入、修改图形或写字的光笔；广泛应用于商品流通管理、图书管理等领域的条形码阅读器等。

(二) 输出设备

输出设备用于把计算机内部的二进制数据转换为人们习惯接收的信息形式 (如字符、表格、数字、图形、图像、声音等) 或者机器能接收的其他形式。常用的输出设备有显示器、打印机、投影仪、绘图仪等。

(三) 运算器和控制器

运算器的功能是在控制器的指挥下对信息或数据进行处理和运算，包括算术运算和逻辑运算，所以在其内部有一个算术逻辑运算部件 ALU。因为所有的算术运算都可以分解为加法和移位两种基本操作，运算器中还有存放运算对象和运算结果的寄存器，包括移位寄存器和若干通用寄存器。运算器的功能可以归纳为：①实现对数据的算术和逻辑运算。②暂时存放参与运算的数据和某些中间运算结果。③挑选参加运算的数据，并把运算结果输到所要求的部件中。

控制器被集成在 CPU 中，其功能是进行逻辑控制，它可以发出各种指令，以控制整个计算机的运行，指挥和协调计算机各部件的工作。

运算器和控制器合称为中央处理单元（Central Processing Unit, CPU）。CPU 是整个计算机系统的中枢，它通过对各部分的协同工作，实现数据的分析、判断和计算等操作，以完成程序指定的任务。

（四）存储器

存储器用来存放计算机中的数据，分为内存储器和外存储器。内存储器又叫内存，其容量小、速度快，用于存放临时数据；外存储器的容量大、速度慢，用于存放计算机中暂时不用的数据。外存储器的代表就是每台计算机必备的硬盘。

1. 内存储器

内存储器简称内存（也称为主存储器或主存），是 CPU 在实现所有计算活动时所使用的。计算机中的任何处理都不是在内存中进行的，内存只存储数据、信息和指令。当数据作为输入进入计算机时，首先保存在内存中，然后对它们进行处理，处理结果也暂时保存在内存中。

内存通常由两种半导体存储芯片，即随机存取存储器 RAM（Random-Access Memory）和只读存储器 ROM（Read-Only Memory）组成，它通常也被叫作主存储器。一旦微型计算机断电，RAM 中的数据也随之丢失。而 ROM 中的信息只能读出而不能写入，断电后，ROM 中的原有内容保持不变，在计算机重新接通电源后，ROM 中的内容仍可被读出。因此，ROM 常用来存放一些固定的程序或地址如自检程序、字库等。

2. 外存储器

外存储器简称"外存"，是主机的外部设备，用来存储大量的暂时不参加运算或处理的数据和程序，因而允许存取速度较慢。一旦需要，可成批地与内存交换信息。它是主存储器的后备和补充，因此也叫"辅助存储器"，如磁盘存储器等。外存的特点是存储容量大、可靠性高、价格低，在脱机情况下可以永久保存信息。常见的外存有磁盘（软盘、硬盘）、闪存、光盘、磁带等。

（1）软盘

软盘是一种覆有磁性涂料的聚酯薄膜圆盘，它以磁化方式存储数据和信息。常用软盘的大小为 3.5 英寸。当用户使用完软盘后，可以把软盘从计算机上取下来，而数据仍然保存在软盘中。

（2）硬盘

目前常用的硬盘尺寸为 5.25 英寸、3.5 英寸、2.5 英寸和 1.8 英寸。后两种常用于笔记本及部分袖珍精密仪器中，在台式机中常用的是 3.5 英寸硬盘。硬盘能够存储的数据量比软盘大得多，并且提供了更快的存储和检索速度。与软盘不同的是，硬盘通常都安装在计算机内部，不经常取下来。

移动硬盘顾名思义是以硬盘为存储介质，在计算机之间交换大容量数据，强调便携性的存储产品。目前市场上绝大多数的移动硬盘都是以标准硬盘为基础的，而只有很少部分是以微型硬盘（1.8 英寸硬盘等）为基础的。移动硬盘多采用 USB、IEEE 1394 等传输速度较快的接口，能够以较高的速度与计算机系统进行数据传输。

（3）光盘与光盘驱动器

光盘是一种记录密度高，存储容量大，抗干扰能力强的新型存储介质。光盘有只读光盘（CD-ROM）、追记型光盘（CD-R）和可改写光盘（CD-RW）三种类型。光盘容量可达到 650MB 之多，光盘中的数据可保存 100 年之久。DVD 光盘比 CD-ROM 光盘具有更高的密度，也分为只读、追记和改写三种类型。

光盘驱动器（简称光驱）是通过激光束聚焦对光盘表面光刻进行读写数据的设备，分为只读型光驱和可读写型光驱（刻录机）。

（4）闪存

闪存（Flash Memory）是一种长寿命的非易失性（在断电情况下仍能保持所存储的数据信息）的半导体存储器。

闪存卡（Flash Card）是利用闪存技术存储电子信息的半导体存储器，一般应用在数码相机、掌上计算机、MP3 等小型数码产品中。根据不同的生产厂商和不同的应用，闪存卡大概有 Smart Media(SM 卡)、Compact Flash(CF 卡)、Multimedia Card（MMC 卡）、Secure Digital（SD 卡）、Memory Stick（记忆棒)、XD-Picture Card(XD 卡) 和微硬盘 (Microdrive)。这些闪存卡虽然外观、规格不同，但是技术原理都是相同的。

闪存盘是一种采用 USB 接口的高容量移动存储产品，其存储介质也是闪存。闪存盘不需要额外的驱动器，而是将驱动器及存储介质合二为一，只要连接到计算机的 USB 接口就可以独立地读写数据。闪存盘体积很小，重量很轻，特别适合随身携带。

（5）磁带

磁带存储器曾经是唯一可以使用的磁存储介质，因而也是那时外部存储器的首选。自从有了磁盘存储器，磁带就变成了大型计算机上用来备份和存档数据的介质。磁带在存储区网络（SAN）上也得到了广泛使用，而且也是少量个人计算机用户使用的一种备份方案。

三、计算机软件系统

软件是指计算机系统中使用的各种程序，而软件系统是指控制整个计算机硬件系统工作的程序集合。软件系统的主要作用为：使计算机的性能得到充分发挥，人们通过软件系统可以实现不同的功能，软件系统的开发是根据人们的需求进行的。

计算机软件系统一般可分为系统软件和应用软件两大类。

（一）系统软件

系统软件是指控制和协调计算机及外部设备，支持应用软件开发和运行的系统，是无须用户干预的各种程序的集合，主要功能是调度、监控和维护计算机系统；负责管理计算机系统中各种独立的硬件，使得它们可以协调工作。系统软件使得计算机使用者和其他软件将计算机当作一个整体而不需要顾及底层每个硬件是如何工作的。在计算机软件中最重要且最基本的就是操作系统（OS）。它是最底层的软件，它控制所有计算机运行的程序并管理整个计算机的资源，是计算机裸机与应用程序及用户之间的桥梁。没有它，用户也就无法使用某种软件或程序。操作系统是计算机系统的控制和管理中心，从资源角度来看，它具有处理机、存储器管理、设备管理、文件管理等四项功能。

(二) 应用软件

为解决计算机各类应用问题而编制的软件称为应用软件，应用软件具有很强的实用性。随着计算机应用领域的不断拓展和计算机应用的普及，各种各样的应用软件与日俱增。它又可分为用户程序和应用软件包，它是由系统软件开发的。

1. 用户程序

用户程序是用户为解决自己特定的具体问题而开发的软件，编制用户程序应充分利用计算机系统的现有软件，在系统软件和应用软件包的支持下进行开发。各种各样的科学计算程序、工程设计程序、数据处理程序、自动控制程序、企业管理程序、情报检索程序等都是用户程序。

2. 软件包

目前，计算机上使用的很多应用程序都是以软件包的形式提供的。所谓软件包是指针对不同专业用户的需要所编制的应用程序，进一步把它们标准化、模块化，就形成了解决各种典型问题的应用程序的组合。所有的软件包都附有文档。常用的软件包允许用户进行电子表格分析、文字处理和桌面出版（Desktop Publishing）、创建图形、管理数据库、与其他计算机通信等。

(三) 计算机语言知识

1. 程序设计语言

在计算机问世以来的几十年中，随着电子技术和计算机技术的发展，计算机硬件不断升级换代并使计算机应用领域迅速扩大，计算机程序设计语言也得到了长足发展。程序设计语言分为机器语言、汇编语言和高级语言三种类型。

(1) 机器语言

电子计算机所使用的是由"0"和"1"组成的二进制数，二进制是计算机语言的基础。计算机发明之初，人们只能降贵纡尊，用计算机的语言去命令计算机工作，一句话，就是写出一串串由"0"和"1"组成的指令序列交由计算机执行，这种计算机能够认识的语言，就是机器语言。使用机器语言是十分痛苦的，特别是在程序有错需要修改时，更是如此。

一条机器语言称为一条指令，指令是不可分割的最小功能单元。由于计算机的机器指令与计算机的硬件密切相关，所以用机器语言编写的程序具有充分发挥硬件功能的特点，程序也容易编写得紧凑。而且，由于每台计算机的指令系统往往各不相同，所以，在一台计算机上执行的程序，要想在另一台计算机上执行，必须另编程序，造成了重复工作。但由于使用的是针对特定型号计算机的语言，故而运算效率是所有语言中最高的。机器语言，是第一代计算机语言。

（2）汇编语言

由于用机器语言编写程序的难度比较大，随之而来的就出现了符号汇编语言。汇编语言把用二进制数表示的机器指令，用一些"助记符"表示，如用英文缩写 ADD 表示加法运算、SUB 表示减法运算，用一些其他形式的数字和符号将数值、存储单元的地址等一一表示出来。汇编语言指令与机器指令基本上是一一对应的，但它便于记忆和使用，因而程序的编写比较容易。但是由于汇编指令计算机不能直接识别与执行，所以用汇编语言编写的程序，执行前需要先翻译成机器指令，然后才能执行。这个翻译过程称为"汇编"，专门用于进行这种翻译工作的程序称为"汇编程序"。

汇编语言虽较机器语言有了明显的进步，但机器语言的一些特点仍然被保留着。例如，它仍是面向机器的语言（因此汇编语言和机器语言被称为低级语言），用它编写程序不仅要对计算机内部结构有一定的了解，而且不同类型机器使用的汇编语言也不尽相同。尽管如此，汇编语言仍具有程序短、运行速度快的特点，因此在某些特殊应用（如实时控制）中该语言仍然被使用。

汇编语言和机器语言一样，也是面向机器的程序设计语言，其通用性差，使用仍不方便。机器语言和汇编语言一般都被称为低级语言。

（3）高级语言

从最初与计算机交流的痛苦经历中，人们意识到，应该设计一种这样的语言：这种语言接近于数学语言或人的自然语言，同时又不依赖于计算机硬件，编出的程序能在所有机器上通用。经过努力，1954 年，第一个完全脱离机器硬件的高级语言 FOR-TRAN 问世了，几十年来，共有几百种高级语言出现，有重要意义的有几十种，影响较大、使用较普遍的有 FOR-TRAN、ALGOL、COBOL、BASIC、LISP、PL/1、Pascal、C、C++、C#、VC、VB、Java 等。高级语言的下一个发展目标是面向应用，也就是说，只需要告诉程序你要干什么，程序就能自动生成算法，自动进行处理，这就是非过程化的程序语言。

2. 语言处理程序

计算机只能执行机器语言程序，无法识别用汇编语言或高级语言编写的程序，因此必须配备一种工具，将汇编语言或高级语言编写的源程序翻译成机器可执行的机器语言程序，这种工具就是"语言处理程序"。语言处理程序包括汇编程序、解释程序和编译程序。

（1）汇编程序

汇编程序是把用汇编语言编写的汇编语言源程序翻译成机器可执行的由机器语言表示的目标程序的翻译程序，其翻译过程叫汇编。

（2）解释程序

解释程序接受用某种程序设计语言（如 BASIC 语言）编写的程序，然后对源程序逐句进行解释并执行，最后得出结果。也就是说，解释程序对源程序是一边翻译，一边执行。所以，它是直接执行源程序或源程序的内部形式的，它并不产生目标程序。解释程序执行的速度要比编译程序慢得多，但占用内存较少，对源程序错误的修改也较方便。

（3）编译程序

编译程序和解释程序的区别在于：前者首先将源程序翻译成目标代码，计算机再执行由此生成的目标程序；而后者则是检查高级语言书写的源程序，然后直接执行源程序所指定的动作。在多数情况下，建立在编译基础上的系统在执行速度上都优于建立在解释基础上的系统。但是，编译程序比较复杂，这使得开发和维护费用较大。与之相反，解释程序比较简单，可移植性也好，缺点是执行速度慢。

第三节　操作系统

操作系统（Operating System, OS）是配置在计算机硬件上的第一层软件，是对硬件系统的首次扩充。操作系统在计算机系统中占据了特别重要的地位，而其他的诸如汇编程序、编译程序、数据库管理系统等系统软件，以及大量的应用软件，都将依赖于操作系统的支持，取得它的服务。操作系统已成为现代计算机系统（大、中、小及微型机）中必须配置的软件。

一、操作系统基础知识

（一）操作系统的定义

操作系统是最基本、最重要的系统软件，是控制和管理计算机硬件和软件资源，合理组织计算机工作流程以及方便用户的程序集合，其他所有软件是建立在操作系统之上的。它负责管理计算机系统的全部软件资源和硬件资源，合理地组织计算机各部分协调工作，为用户提供操作和编程界面。它是计算机所有软、硬件系统的组织者和管理者，能合理地组织计算机的工作流程，控制用户程序的运行，为用户提供各种服务。

用户都是先通过操作系统来使用计算机的，它是沟通用户和计算机之间的"桥梁"，是人机交互的界面，是用户与计算机硬件之间的接口。没有操作系统作为中介，一般用户就不能使用计算机。操作系统如同一个行动中心，计算机系统的软、硬件和数据资源利用，都必须通过这个中心向用户提供正确利用这些资源的方法和环境。

（二）操作系统的基本作用

操作系统是一种软件系统，俗称计算机的管家，其主要作用可以概括为：管理计算机系统中的资源；提供用户界面（User Interface），以方便各类用户使用；提供系统功能调用（System Functions Call）支持，以方便应用程序的开发；加载（Load）并运行（Run）应用程序。

1. 资源管理

计算机资源可分为硬件资源和软件资源两大类。硬件资源是指组成计算机的硬件设备，如 CPU、内存、硬盘、打印机、显示器、键盘等设备。软件资源主要指存储于计算机中的各种数据和程序。系统的硬件资源和软件资源都由操作系统根据用户需求，按一定的策略分配和调度。

操作系统的管理功能按照其管理对象的不同分为进程管理、存储管理、设备管理、文件管理和作业管理。

（1）进程管理

计算机系统的核心部件是 CPU，所有的软硬件操作都必须由 CPU 分解执行。如何对使用 CPU 的请求做出适当的、公平合理的分配是进程管理的任务。进程管理实质上是对 CPU 执行"时间"的管理，采用多道程序设计等技术可将 CPU 的时间合理地分配给每个任务。

（2）存储管理

存储管理是对内存的"空间"进行管理，包括存储分配与回收、存储保护和地址变换等。只有被装入内存的程序才有可能去竞争 CPU。因此，有效地利用内存可保证多道程序设计技术的实现，也就保证了 CPU 的使用效率。

存储管理要根据用户程序的要求为用户分配内存区域。当多个程序共享有限的内存资源时，操作系统就按某种分配原则，为每个程序分别分配内存空间，使各用户的程序和数据彼此隔离，互不干扰。当某个用户程序工作结束时，要及时收回它所占的内存区域，以便再装入其他程序。另外，操作系统还利用虚拟内存技术，把内、外存结合起来，共同管理。

（3）设备管理

设备管理是指管理计算机系统中除了 CPU 和内存以外的其他硬件资源，是系统中最具多样性和变化性的部分。

操作系统对设备的管理主要体现在两个方面：一方面它提供了用户和外设的接口。用户只需通过键盘命令或程序向操作系统提出申请，由设备管理程序实现外部设备的分配、启动、回收和故障处理；另一方面，为了提高设备的效率和利用率，操作系统还采取了缓冲技术和虚拟设备技术，尽可能使外设与 CPU 并行工作，以缓解快速的 CPU 与慢速的外设之间的速度差异。

（4）文件管理

文件管理包括文件存储空间管理、目录管理、文件的读写管理和存取控制及软件管理。

所有在计算机中长期保存的信息或软件资源都以文件方式存储在外存设备上，文件管理就是对这些信息或软件资源的管理，通常由操作系统中的文件系统来完成这一功能。文件管理可有效地支持文件的存储、检索和修改等操作，解决文件的共享、保密和保护问题，并提供方便的用户界面，使用户能实现按名存取，一方面使得用户不必考虑文件如何保存以及存放的位置，另一方面也要求用户按照操作系统规定的步骤使用文件。

（5）作业管理

计算机系统的软硬件资源是由前述四种功能负责管理的，从而建立起操作系统与计算机系统的联系。那么，用户怎样通过操作系统来使用计算机系统，以便完成自己的任务呢？也就是用户程序和数据如何提交给系统，系统又如何执行用户的计划？为此，操作系统还必须提供自身与用户间的接口，这部分工作就由作业管理来承担。

2. 方便用户

操作系统既是计算机硬件和各种软件之间的接口，又是用户与计算机之间的接口。安装操作系统后，用户面对的不再是笨拙的裸机、由"0"和"1"组成的代码及一些难懂的机器指令，而是操作便利、服务周到的操作系统，操作系统明显地改善了用户界面，提高了用户的工作效率。操作系统还可以在管理和控制各类硬件资源的基础上，为用户和应用软件提供统一的"接口"，方便使用和开发。

（三）操作系统的特性

1. 并发性

并行性和并发性是既相似又有区别的两个概念。并行性是指两个或多个事件在同一时刻发生，而并发性是指两个或多个事件在同一时间间隔内发生。在多道程序环境下，并发性是指宏观上在一段时间内有多道程序在同时执行。但在单处理机系统中，每一个时刻仅能执行一道程序，故微观上，这些程序是在交互执行的。

2. 共享性

共享是指系统中的所有资源不再为一个程序所独占，而是供同时存在于系统中的多道程序共同使用。根据资源属性不同，可有互斥共享和同时共享两种不同的共享方式。

并发性和共享性是操作系统的两个最基本的特性，它们又是互为存在的条件。一方面资源共享是以程序（进程）的并发性执行为条件的，如果系统不允许程序并发执行，那么就不存在资源共享问题。另一方面若系统不能对资源共享实施有效管理，则也必将影响到程序的并发执行。

3. 虚拟性

虚拟是指通过某种技术把一个物理实体变成若干个逻辑上的对应物。物理实体是实际存在的，是现实的；逻辑物体是用户感觉到的，是虚拟的。例如，在单 CPU 多道分时系统中，通过多道程序技术和分时技术可以把一个物理 CPU 虚拟为多台逻辑上的 CPU，使每个终端用户都认为有一台"独立"的 CPU 为它运行，用户感觉的 CPU 是虚拟 CPU。

4. 异步性和不确定性

在多道程序环境下，允许多个程序并发执行，但由于资源等因素的限制，程序的执行并非"一气呵成"，而是以"走走停停"的方式运行，即程序是以异步方式运行的。多个程序异步并发执行带来了两种不确定性。一种是每个程序（进程）执行的速度和时间不确定，各程序（进程）之间推进的序列也不确定，即是不可预测的。另一种是每个程序（进程）执行结果不确定，即对同一程序，给定相同的初始条件、在相同的环境下进行多次执行，却可能获得完全不同的结果，这也称为程序并发执行的不可再现性。执行结果的不确定性是绝对不允许的，这是操作系统为实现程序并发执行必须解决的问题。

二、文件与目录

（一）文件与文件夹

文件是计算机存储数据、程序或文字资料的基本单位，是一组相关信息的集合。计算机中的所有资源都是以文件的形式存放在磁盘中的，每个文件都有其相应的名称，操作系统通过文件名实施对文件的存取操作。

文件夹是系统组织和管理文件的一种形式，是为方便用户查找、维护和存储而设置的，用户可以将文件分门别类地存放在不同的文件夹中。文件夹中可以包含下一级文件夹，前者称为根文件夹，后者称为子文件夹，文件夹中可包含多级子文件夹，同一级别的文件夹不允许名称重复，但它可包含与其名称相同的子文件夹。

（二）文件的命名

文件具有名称、格式、位置、大小、时间等属性。文件名是文件的标识，通常由字母、数字、下划线等字符构成。完整的文件名的基本格式为：

文件名 . 扩展名

其中，圆点"."用于区分文件名和扩展名。例如，winhelp.exe、exam_2.doc、img21.jpg、解压密码 .txt 等都是完整的文件名。

在不同的操作系统中，都有一套对文件进行命名的规则（文件命名规范）。例如，Windows 操作系统要求文件名和扩展名总共不能超过 255 个字符，文件名中不能使用"*、\、：、<、>、|、？"等字符。Linux 操作系统规定最长的文件名可以有 255 个字符，可以包含除斜杠之外的任何字符，但应尽量避免使用"*、@、\、%、<、>、!、？"等字符。

（三）文件的类型

文件类型很多，不同类型的文件具有不同的用途，一般文件的类型可以用其扩展名来区分。文件的扩展名通常与文件的格式和用途相关，可用来表示文件的类别，对于将文件分类十分有用。常用类型的文件其扩展名是有约定的，对于有约定的扩展名，用户不应该随意更改，以免造成混乱，常用的有约定的扩展名如表 2-1 所示。

表 2-1　常用扩展名

文件类型	扩展名	说明
可执行程序	EXE、COM	可执行程序文件
源程序文件	C. CPP、BAS，vbp	程序设计语言的源程序文件
MS Office 文档	DOC、XLS、PPT	Word、Excel、Powerpoint 创建的文档

续表

文件类型	扩展名	说明
图像文件	BMP、JPG、GIF	不同格式的图像文件
音频文件	WAV、MP3、MID	不同格式的声音文件
流媒体文件	WMV、RM、QT	能通过 Internet 播放的流式媒体文件
压缩文件	ZIP、RAR	压缩文件
网页文件	HTM、ASP	前者是静态的，后者是动态的

（四）目录

"目录"或称"目次"，原指图书正文前标明该书基本内容和层次结构的部分，一般包括正文及部分辅文的标题，兼有检索和介绍功能。

在计算机中，一个目录（或文件夹）是一个装有数字文件系统的虚拟"容器"，在其中保存着一组文件和其他一些目录。一个典型的文件系统可能会包含成千上万个目录。通过把多个文件存储在一个目录中，可以达到有组织地存储文件的目的。在一个目录中的另一个目录称为它的子目录（子文件夹）。

整个文件系统像树一样有一个"根"（Root），然后在根上分"杈"（Directory）。任何一个分杈上都可以再分杈，杈上也可以长出"叶子"。"根"和"杈"就是操作系统中的"目录"或"文件夹"，而"叶子"则是"文件"。实践证明，这种结构能以较高的效率对文件进行分类存储并快速定位。

操作系统通过目录将系统中所有的文件分级、分类组织在一起，形成了文件系统的树型层次结构。

三、安装操作系统

没有安装软件的计算机被称为"裸机"，而裸机是无法进行任何工作的，不能从键盘、鼠标接收信息和操作命令，也不能在显示器屏幕上显示信息，更不能运行可以实现各种操作的应用程序。

一个操作系统由一组程序构成。在一些专用计算机中，构成操作系统的程序很小，以至于可以固定存放在 ROM 中，而通用的微型机、笔记本计算机、服务器、工作站、大型机和巨型机上的操作系统则是一个庞大的软件包，因此需要专门的安装过程。

在安装操作系统之前，需要进行一些相关的设置，如 BIOS 启动项的调整、硬盘分区的调整以及格式化等。正确并恰当地调整这些设置，将为顺利安装系统乃至日后方便地使用系统打下良好的基础。

不同操作系统的安装方法不尽相同，可以从光盘、硬盘或闪存盘安装，也可以进行网络安装。目前安装操作系统的工作已经进行了简化，通常由用户启动安装程序（一般为 Setup.exe），随后根据系统的提示，输入所要求的信息或对相关选项进行确认，以实现一些个性化的设置。不同的操作系统会给出不同的提示信息，阅读系统给出的说明并按照指示进行操作，系统会引导用户完成安装过程。

很多操作系统也可以采用无人值守方式进行安装，将需要设置的内容提前写入一个文件中，安装程序自动读取其中的内容与系统自动交互即可。

四、应用程序的使用

应用程序是在操作系统的支持下完成一定任务的软件。各种操作系统都离不开软件和硬件的支持，硬件设备是整个计算机系统中非常重要的组成部分，而应用程序软件则对控制计算机中各部分的运行起着重要作用。

(一) 应用程序的安装

应用程序可以从 CD 或 DVD、本地磁盘或网络上进行安装，如果从 CD 或 DVD 安装，则步骤是将光盘插入计算机，然后按照屏幕上的说明操作，从 CD 或 DVD 安装的许多程序会自动启动程序的安装向导。在这种情况下，将显示"自动播放"对话框，然后可以选择运行该向导。如果从网络上进行安装，则步骤是在浏览器中，单击指向程序的链接，单击"打开"或"运行"，然后按照屏幕上的指示进行操作，也可以将安装程序下载到本地磁盘后再进行安装。从本地磁盘安装应用程序的方法是双击相应的安装程序文件（通常是文件名为 Setup 的文件），按照屏幕上的指示进行操作即可。但是要注意从网络上获得的安装程序应是从安全、可靠的网站获得的，否则可能在安装程序的同时使本地计算机感染病毒。

(二) 应用程序的运行

运行程序与安装程序的过程类似，都是寻找一个可执行文件然后运行。除采用安装中使用的方法以外，还可以采取下列几种方法：①当"开始"菜单不包含所要运行的程序时，可直接打开包含要运行程序的文件夹，在可执行程序图标上双击即可。②当在桌面上建立了一个应用程序的快捷方式后，可直接双击快捷方式图标，也能启动应用程序。

(三) 应用程序的关闭

关闭程序的方法很简单，单击窗口标题栏上的"关闭"按钮或直接按Alt+F4键，或者在应用程序菜单中选择"退出"命令即可。

(四) 应用程序的卸载

卸载就是从系统中删除一个应用程序 (及其系统)。删除一个应用程序最好通过卸载的方法进行。一般应用程序在安装的时候会同时安装相应程序自带的卸载程序，在"开始"菜单中的"所有程序"区域下找到该应用程序，自带的卸载程序与该应用程序通常位于同一位置，单击相应卸载程序即可执行对应用程序的卸载。如果应用程序没有自带的卸载程序，可以通过单击"开始"按钮，选择"控制面板"命令，选择"程序"选项，在打开的"程序"对话框中选择"程序和功能"选项下的"卸载程序"选项，找到待删除程序，然后双击该程序，系统提示删除程序操作过程，从而完成应用程序的删除任务。如果某一个程序不能通过这种卸载的方法删除，可在待删除文件或文件夹上右击，从快捷菜单中选择"删除"命令。

要注意的是，由于一个应用程序安装到系统中时，它包含初始化文件、数据文件、动态链接库等，分别放在不同的目录下，如果采用直接删除的方法，往往只能删除掉指定文件夹中的文件，而放在其他文件夹中的文件如动态链接库，数据文件就不一定能删除。

第三章　数字通信工程

第一节　信源编码

实现通信数字化的前提为信源所提供的各种用于传递的消息（例如，语音、图像、数据、文字等），都必须以数字化形式表示。模拟信号数字化之后，一般会导致传输信号的带宽明显增加，这将占用更多的信道资源。为了提高传输效率，需要采用压缩编码技术，在保证一定信号质量的前提下，尽可能地去除或减少信号中的冗余信息，从而减小传输所用带宽。针对信源发送信息所进行的压缩编码，一般称为信源编码。

一、模拟信号的数字化处理

模拟信号的数字化是信源编码处理的前提。对于时间连续和取值连续的原始语音和图像等模拟信号，若以数字方式进行传输，在发送端必须首先进行模/数（A/D）变换，将原始信号转换为时间离散和取值离散的数字信号。

模拟信号的数字化过程可以分为抽样（取样）、量化和编码等阶段。

抽样：指用时间间隔确定的信号样值序列来代替原来在时间上连续的信号，即在时间上将模拟信号离散化。

量化：用有限个幅度值来近似原来连续变化的幅度值，把模拟信号的连续幅度变为有限数量且有一定间隔的离散值。

编码：按照一定的规律，把量化后的信号编码形成一个二进制数字码组输出。

经以上过程得到的数字信号可以通过电缆、微波干线、卫星通道等数字线路传输。在接收端与上述模拟信号数字化过程相反，经过后置滤波后又恢复成原来的模拟信号。上述数字化的过程即为脉冲编码调制（PCM）。

以语音信号处理为例，以下分析模拟信号的数字化过程。

(一) 抽样

1. 抽样的概念

抽样是将在时间和幅度上都是连续的语音信号在时间上离散化的过程，目的是实现语音信号的时分多路复用。

信源发出的语音信号是模拟信号，其在幅度取值和时间上都是连续的。实现数字化以及时分多路复用的前提，是先对语音信号在时间上进行离散化处理，该过程称为抽样。

抽样是指每隔一定的时间间隔，抽取语音信号的一个瞬时幅度值（抽样值），抽样后所得到的一系列在时间上离散的抽样值称为样值序列。

抽样后的样值序列在时间上是离散的，可进行时分多路复用，也可将各个抽样值经过量化、编码变换成二进制数字信号。

抽样得到的离散脉冲样值信号和原始的连续模拟信号形状不同，这样的抽样值如何能够复原出原始模拟信号呢？对于带宽有限的连续模拟信号的抽样，只要抽样频率足够大，这些抽样值便可完全代替原模拟信号，并且能够由这些抽样值准确地恢复出原模拟信号。采用多大的抽样频率才能恢复原始信号由抽样定理决定。

2. 低通信号

低通信号指低端频率从0开始的信号或某一低限频率到某一高限频率的带限频率。

(二) 量化

1. 量化的相关概念

抽样把模拟信号变成了时间上离散的脉冲信号，但脉冲的幅度仍是连续的，还需进行离散化处理，即对幅值进行化零取整的处理，才能最终用数字来表示。该过程称为量化。

量化的方法是把样值的最大变化范围划分成若干个相邻的间隔。当某样值落在某一间隔内，其输出数值就用此间隔内的某一固定值来表示。

2. 均匀量化

把输入信号的取值域等间隔分割的量化称为均匀量化。在均匀量化中，每个量化区间的量化电平均取在各个区间的中点。

最小量化间隔越小，失真就越小，用来表示一定幅度的模拟信号时所需的量化级数就越多，因而处理和传输就越复杂。

量化噪声功率只与量化间隔△有关。对于均匀量化，△是确定的，因而量化噪声功率固定不变。但是，信号的强度可能随时间变化。当信号小时，量化信噪比也小；当信号大时，量化信噪比也大。所以，均匀量化方式会造成大信号时的信噪比有余而小信号时的信噪比不足。为了克服这一缺点，改善小信号时的量化信噪比，在实际应用中常采用非均匀量化。

（三）编码

抽样、量化后的信号还不是数字信号，需将此信号转换成数字编码脉冲，该过程称为编码。解码是把数字信号变为模拟信号的过程，是编码的逆过程，即把一个8位码字恢复为一个样值信号的过程。

编码的基本形式分为线性编码和非线性编码两类。

1.线性编码

线性编码与均匀量化特性对应的编码。在码组中，各码位的权值固定，不随输入信号的幅度变化。

2.非线性编码

非线性编码具有非均匀量化特性的编码。在码组中，各码位的权值不固定，而是随着输入信号的幅度变化。

（四）脉冲编码调制

模拟信号经过抽样、量化、编码完成A/D变换，称为脉冲编码调制（PCM），简称脉码调制。

标准化的PCM码组（电话语音）由8位码组代表一个抽样值。语音模拟信号在发送端经过抽样、量化和编码以后得到了PCM信号，该信号经过数字信道传输。在接收端，将收到的PCM码（二进制码组）通过滤波器滤去大量的高频分量，还原成模拟语音信号。

前述的抽样定理以及为了降低量化噪声所采用的技术措施，目的是使解码后还原的波形尽可能与原始波形一致，该技术已集中应用在固定电话通信系统中。

PCM 是数字程控电话交换机系统中广泛采用的语音编码方案。PCM 包括了对语音信号波形的压扩处理和对经 A/D 变换后的语音自然二进制码的变换，是语音数字化的一套完整方案。随着数字信号处理技术和微电子技术的发展，PCM 技术已经历了多代发展，并由集成 PCM 编解码芯片实现。

二、语音编码技术

进行语音编码的目的是在保持一定算法复杂度和通信延时的前提下，利用尽可能少的信道容量，传送质量尽可能高的语音。较优化的语音编码方法是在算法复杂度和时延之间找到平衡点，并向更低比特率方向移动该平衡点。

(一) 信源编码的基本概念

信源编码是为提高数字通信传输的有效性而采取的一种技术措施，其将信号源中的多余信息去除，形成一个适合于传输的信号。

为了提高数字通信传输效率，一方面，需要采用各种方式的压缩编码技术，在保证一定信号质量的前提下，尽可能地去除信号中的冗余信息，从而降低传输速率和减小传输所用的带宽；另一方面，即使是原本就以数字形式存在的数据和文字信息，也同样需要通过压缩编码降低信息冗余来提高传输效率。

语音压缩编码和图像压缩编码都是针对信源发送信息所进行的压缩编码，一般称为信源编码。但语音和图像信息的结构不同，显示方式和要求也各不相同，其发展有其各自的规律。

(二) 语音编码的性能指标

语音编码研究的基本目标是在给定编码速率的条件下，用尽量小的编解码延时和算法复杂度，得到尽可能好的重建语音质量。衡量一种语音编码方法的好坏，一般要考虑语音质量、编码速率、编解码延时和算法复杂度等多个方面。在不同的应用场合，对性能要求的侧重点将会有所区别。

1. 语音质量

语音质量在数字通信中通常可以分为广播级质量、长途通信质量、通信质量与合成语音质量 4 级。

广播级质量是高质量的宽带（8 kHz）广播解说语音。长途通信质量指与传统的模拟电话带宽（300～3400 Hz）语音信号相当的质量。通信质量是指语音质量有所下降时仍可保证足够高的自然度和可懂度，可以满足大多数专用通信系统的要求。合成语音质量是指语音保持足够高的可懂度，但自然度及保留讲话人语音个性等方面不够好。

如何评价语音编码质量是一个较困难的问题，评价方法一般分为主观评定和客观评定。

（1）主观评定

主观评定指以人在听话时对语音质量的感觉来评定，主观性较强，评定的可靠度不高。

（2）客观评定

客观评定指对反映语音性能的某些特性参数做定量分析，计算简单，但不能完全反映人对语音质量的感觉。目前，更加符合主观评定的客观评定方法还在不断改进之中。

2. 编码速率

编码速率通常用模拟信号经过抽样、量化和编码之后产生的数字信号的信息传输速率来度量，单位为比特/秒（bit/s）；也可以用"比特/样值"度量，其表示平均每个样值用多少比特编码。平均每样值的比特数越高，量化就越细，语音质量也越容易提高，相应地，对传输带宽或存储容量的要求也越高。

3. 编解码延时

对语音信号的分帧处理以及复杂的算法实现将会产生比较明显的编解码延时，该延时与传输延时一起构成了系统的主要延时。在实时语音通信系统中，若总延时过长，将会影响双方的正常交谈。如果系统中有回声，话音质量还会明显恶化。一般要求语音编解码的延时低于 100 ms。

4. 算法复杂度

若从性能而言，一般较复杂的语音编解码算法可获得较好的语音质量或较低的编码速率。但考虑到硬件实现的可能性、复杂度和成本，实用的算法应在保持一定性能前提下尽可能将运算复杂度降到最低。

（三）语音编码方法的分类

语音是通信系统处理和传输的一种主要信息形式。自脉冲编码调制（PCM）技术出现以来，语音编码方法层出不穷，目前仍是通信领域的一个重要研究课题。

根据编码器的实现机理，语音编码方法大致可分为两类。

1. 波形编码

波形编码从语音信号波形出发，对波形的采样值、预测值或预测误差值进行编码。其以重建语音波形为目的，力图使重建语音波形接近原信号波形。该方式具有适应能力强，重建语音质量好的优点，但编码速率较高。波形编码方式能在 64 ~ 16 kbit/s 的速率上获得较为满意的语音质量。

常用的波形编码类型如下。

（1）脉冲编码调制（PCM）

目前最常用的模拟信号数字化方法之一。其将模拟信号变换为数字信号。变换过程有抽样、量化和编码。由于量化过程中不可避免地会引入一定误差，因此会带来量化噪声。为了减小量化噪声，提高小信号的信噪比，扩大信号的动态范围，通常采用压扩技术，即非均匀量化。PCM 技术已成熟，是固定电话、长途中继和光纤传输的标准码型。PCM 速率为 64 kbit/s。

（2）增量调制（DM）

增量调制是用一位编码反映信号的增量是正或负的一种脉冲编码调制。增量调制同样存在量化噪声，而且发生过载现象时会出现较大的过载量化噪声。为了防止出现过载现象，增量调制必须用比 PCM 调制高得多的抽样频率。简单增量调制存在动态范围小和平均信噪比小的问题，为了克服这些缺点，出现了总和增量调制、数字音节压扩增量调制和差分脉码调制等改进方法。

（3）自适应差分编码调制（ADPCM）

自适应差分编码调制综合了脉冲编码调制和增量调制的特点，依据相邻样值的差值编码的方式，有效地消除了语音信号中的冗余度，提高了编码的有效性。利用自适应量化和自适应预测技术，大大压缩了传输数码率（可降到 32 kbit/s）和传输带宽，从而增加了信道的容量。ADPCM 速率为 32 kbit/s。

（4）子带编码（SBC）

子带编码是对输入模拟信号进行频域分割的一种编码方式，其优点是各子带可选择不同的量化参数以分别控制它们的量化噪声。子带编码目前已广泛应用于语音和声频编码中。

（5）自适应变换编码（ATC）

将语音在时间上分段，每段取样后经数字正交变换转至频域（时域—频域变换），取相应各组频域系数，然后对系数进行量化、编码和传输，对接收端则进行相反处理，以恢复时域信号，再将各时段信号连成语音。

2. 参量编码

语音的参量编码是数字信号处理（DSP）技术、编码理论、自适应差分编码调制（ADPCM）技术和软件技术的综合应用。

参量编码是在语音信号的某一特征空间抽取特征参量，构造语音信号模型，然后利用参量量化过程生成码字进行传输，在接收端利用码字重建语音信号的一种编码方式。

参量编码不以重建语音波形为目的，而是根据从语音段中提取的参数，在接收端合成一个新的声音相似（但波形不尽相同）的语音信号，实现这一过程的系统称为声码器。

在参量编码中，线性预测编码器是最常用的语音编译码器，近年来对声码器的研究和改进，出现了许多高质量的语声编码技术。例如，混合激励线性预测编码（MELP）、正弦变换编码（STC）和多带激励编码（MBE）技术。在参量编码的基础上，结合了原有波形编码器质量好和声码器速率低的特点，以达到改善声音自然度的目的。线性预测编码器能在 4 ~ 16 kbit/s 的中速率上得到高质量的合成语音。最典型的算法是利用线性预测，采用分析合成的方法构成。

语音的参量编码主要用于移动通信系统等利用无线信道的通信设备中。例如，用于 GSM 移动通信的 RPE-LTP（规则脉冲激励长时预测编码）、用于 IS-95 CDMA 的 CELP（码本激励线性预测编码）等。其中，CELP 是利用码本作为激励源的方法，其编码特点：运用线性预测技术，简洁而有效地描述声道特性；以矢量量化技术高效实现残差激励；利用分析综合方法，准确（符合听觉特性）搜索最佳激励线性矢量。

三、图像编码技术

近年来，随着数字图像压缩编码理论与方案的不断创新、数字通信与计算机技术的高速发展、超大规模集成电路（VLSI）的多次更新换代和成本的降低，图像通信的发展速度越来越快，主要表现为图像通信的普及程度和图像通信质量的提高。

图像编码是信源编码的一个重要方面。图像编码种类很多，图像数据压缩算法也很多，根据应用的不同而产生了众多的编码方法。图像是二维的，表述的数学方法多种多样。以存储为目的和以传输为目的图像编码方法不同，静止图像与运动图像的编码方法也不同。

（一）图像通信的特点

图像是人类获得外界信息的主要形式之一。图像通信是传递和接收逼真度高的图像信号的通信。融合计算机技术的多媒体通信，赋予图像通信更丰富的内容。图像通信的特点：通信效率高；形象逼真；便于记录；功能齐全；信息量大；占用频带宽。

由于图像包含的信息量大而所需传输带宽和存储空间过多，使得图像通信的实际应用尚不如语音通信和数据通信普及。

最常见的图像传输系统是电视，模拟电视系统传送模拟图像，数字电视系统传送数字图像。模拟图像以能分辨多少条线作为其质量评价标准，数字图像以能分辨多少个像素点来衡量。

图像要比语音复杂得多，静止图像是二维的，活动图像则是三维的。由于要考虑帧之间的相关性，需从三维空间去研究图像压缩算法，其难度远大于对一维语音的研究。在图像压缩算法中，矢量量化适合于空间运算，差分脉冲编码（DPCM）数据量较低，运算简便，因而得到了广泛应用。

信息网络化对传送图像提出了多样化需求。随着数字通信技术的发展和 PCM 原理的提出，图像通信也正逐步从模拟通信方式过渡到以数字通信为主的方式。移动通信系统及无线接入系统也一直在寻找适合于无线信道的图像传送模式。数字电视在近几年将在我国普及，这些都预示着图像通信将有新的发展。

今后，不仅是数字电视、视频会议和可视电话的需求量增大，信息通信网络对视频应用的其他需求也会高速增长。

1. 模拟图像通信的特点

①占用的频带宽。②需采用相位均衡器解决模拟信道中传输时的线性相位特性问题。③图像信号在相邻帧的对应位置间及在同一帧的相邻位置间，具有很强的相关性。④图像信息量大，而模拟信号压缩方法的压缩率很小，且对图像质量的影响较大。⑤模拟图像信号传输有噪声积累效应，使图像传输劣化。

2. 数字图像通信的特点

①可多次中继而不致引起噪声的严重积累。适于多次中继的远距离图像通信，也适于在存储中的多次复制。②有利于采用压缩编码技术。可在一定的信道频带条件下，获得比模拟传输更高的通信质量；可采用数字通信中的抗干扰编码技术，以提高抗干扰性能；易于实现保密通信。③体积小，功耗低。④易于联网，便于综合业务的应用。⑤存在占用信道频带较宽等缺点。

(二) 图像信号及其数字化

一幅平面运动图像所包括的信息首先表现为光的强度或灰度，然后其随着平面坐标、光的波长和时间而变化。根据具体情况不同，可以把图像分为各种不同的类型。

若只考虑光的能量而不考虑光的波长，在视觉效果上只有黑白深浅之分而无色彩变化，此时的图像称为黑白活动图像；对于彩色活动图像，就要考虑光的波长。根据三基色原理，任何一种彩色都可以分解成红、绿、蓝(RGB)3 种基色。

当图像内容不随时间变化时，称为静止图像。为便于对图像进行处理、传输和存储，在处理图像前，需先将代表图像的连续信号转变为离散信号，该过程称为图像信号的数字化。

图像信号的数字化主要包括抽样和量化这两个处理过程。

1. 图像信号的抽样

图像在空间上的离散化称为抽样，即用空间上部分点（抽样点）的灰度值代表图像，把空间上连续变化的图像离散化。对图像信号的抽样要求在原理上和语音信号相同，经过抽样后的图像应包含原始图像信号的所有信息，以便能通过某种变换无失真地恢复原信号。

2. 图像信号的量化

模拟图像经过抽样后，在时间和空间上离散化为像素。但抽样只是完成了图像空间位置的离散化，这时所得的信号还不是数字信号，还需要用离散的量化值代替连续变化的样点灰度值。

图像量化的基本要求：在量化噪声对图像质量的影响可以忽略的前提下，用最少的量化电平进行量化。常用的图像量化方式是均匀（等间隔）量化。

数字图像数据量大、占用频带较宽，且数字图像中的各个像素不是独立的，彼此之间的相关性很大。例如，在电视画面中，同一行中相邻两个像素或相邻两行间的像素，其相关系数可以达到0.9；相邻两帧之间的相关性则比帧内的相关性还要大一些。因此，进行图像压缩的潜力非常大。

（三）图像压缩编码原理

图像中存在信息冗余，是可以对其进行压缩的前提条件。图像虽含有大量的数据，但这些数据是高度相关的。大量的冗余信息存在于一幅图像内部以及视频序列中相邻图像之间。

空间冗余：空间某区域上具有的相关性。

时间冗余：图像在前后时间上的相关性。

结构冗余：图像各部分间具有某种相似关系。

此外，还有信息熵冗余（编码冗余）、知识冗余、视觉冗余等。

上述冗余信息为图像压缩编码提供了依据。若能够去除这些冗余信息，使用尽量少的比特数来表示和重建图像，就可以实现图像的压缩。

评价图像压缩算法的优劣主要有算法的编码效率、编码图像的质量、算法的适用范围和算法的复杂度等。

图像压缩编码采用的主要技术集中体现在ITU制定的图像编码的标准中，其核心思想一是消除像素点间数据的相关性；二是利用人眼的视觉生理特征和图像的概率统计模型进行自适应量化编码。图像压缩编码采用的主要技术措施如下：①利用离散余弦变换（DCT）去除各像素点数据在空间域中的相关性。②通过帧间预测差分编码去除活动图像的时域相关性。③采用熵编码技术使编码与信源的概率模型相匹配，其中熵是指信源的平均信息量，图像熵则表示像素灰度级集合的平均比特数。④利用人眼的视觉特性（对边缘和轮廓信息特别敏感）进行自适应量化编码，如运动补偿等。⑤通过缓冲存储器实现变长码输入与定长码输出之间的匹配。

上述措施在活动图像的编码中都需采用，而在静止图像的编码中有的则无须采用。

（四）数字图像压缩编码的分类

数字图像通信技术要求提供最佳的压缩编码效果，主要指以下几个方面：①压缩效率。或称压缩比，即压缩前后编码速率的比值。②压缩质量。指恢复图像的质量。③编解码算法的复杂度。④编解码延时。针对实时系统而提出。

实现图像压缩的编码方法很多，根据编码过程中是否存在信息损耗，可将图像分为有损压缩和无损压缩。图像压缩编码方法有多种类型。

1. 根据恢复图像的准确度分类

（1）信息保持编码

应用于图像的数字存储，属于无失真编码。

（2）保真度编码

应用于数字电视技术和多媒体通信领域，属于有失真编码。

（3）特征提取编码

应用于图像识别、分析和分类，属于有失真编码。

2. 根据图像压缩的实现方式分类

①变换编码。②概率匹配编码。③识别编码。

随着图像编码技术的不断发展，新的压缩方法（如小波编码、分形编码、基于模型编码等）不断被提出，其考虑了人眼对轮廓、边缘的特殊敏感性和方向感知特性等。

第二节　信道编码

通信系统的主要质量指标是通信的有效性和可靠性。由于信道传输特性不理想以及加性噪声的影响，所接收到的信息不可避免地会发生错误，从而影响传输系统的可靠性。在数字通信系统中，编码器分为信源编码（解决通信的有效性问题）和信道编码（解决通信的可靠性问题）。不同的通信业务对系统的误码率有不同的要求，大容量高速传输的数据传输对误码率有更高的要求。信道编码也称为差错控制编码，是提高数字传输可靠性的一种措施。

一、差错控制

信道编码是在经过信源编码的码元序列中增加一些多余的比特，利用该特殊的多余信息可发现或纠正传输中发生的错误，其目的是提高信号传输的可靠性。

当信道编码只有发现错码能力而不具备纠正错码能力时，必须结合其他措施来纠正错码，否则只能将被发现为错码的码元删除，以避免错码引起的负面影响。上述手段统称为差错控制。

差错控制编码是针对传输信道不理想而采取的提高数字传输可靠性的一种措施。为了抑制信道噪声对信号的干扰，往往还需要对信号进行再编码，编码成在接收端不易为干扰所弄错的形式。所以，差错控制编码有时又称为纠错编码。

（一）差错的分类

数字信号在传输的过程中，由于信道传输特性不理想以及加性噪声的影响，导致信号波形失真，接收端将不可避免地会产生错误判决，即产生差错（错码）。

传输错码的原因可分为两类：第一类，由乘性干扰引起的码间串扰会造成错码，可采用均衡的方法以减少或消除错码。第二类，加性干扰将使信噪比降低从而造成错码，用提高发送功率和选用性能优良的调制体制是提高信噪比的基本手段。但是，信道编码等差错控制技术在降低误码率方面仍是一种重要的手段。

差错可分为随机差错和突发差错。

随机差错：由随机噪声导致，表现为独立的、稀疏的和互不相关发生的差错。

突发差错：相对集中出现，即在短时段内有很多错码出现，而在期间有较长的无错码时间段，例如，由脉冲干扰引起的错码。

（二）差错控制的概念

在进行数据传输时，应采用一定的方法发现差错并纠正差错，该过程称为差错控制。

为了在已知信噪比的情况下满足一定的误比特率指标，首先应合理地设计基带信号，选择调制和解调方式，采用时域和频域均衡，或增加发送功率，以尽量减小干扰的影响。若采取上述措施仍然难以满足要求，就必须采用差错控制编码技术。

在差错控制编码技术中，编码器根据输入信息码元产生相应的监督码元，实现对差错的控制，而译码器主要是进行检错与纠错。

差错控制编码具备检错和纠错能力，是因为在被传输的信息中附加了一些冗余码（监督码元），在两者之间建立了某种校验关系。该校验关系若因传输错误而受到破坏，则可被发现并予以纠正。这种检错和纠错能力是用信息量的冗余度来换取的，实际上是通过牺牲信息传输的有效性来换取可靠性的提高。

对于一个真正实用的通信系统，信源编码和信道编码通常都是不可缺少的处理环节，其分别为各自目的服务，使系统最终达到有效性和可靠性的性能平衡。

（三）差错控制方式

常用的差错控制方式主要有4种，即前向纠错（FEC）、检错重发（ARQ）、反馈校验（IRQ）和混合纠错（HEC）。

1. 前向纠错（FEC）方式

发送端对信息码元进行编码处理，使发送的码组具备纠错能力。接收端收到该码组后,通过译码能自动发现并纠正传输中出现的错误。FEC 方式不需要反向信道,特别适合于只能提供单向信道的场合。由于接收端能够自动纠错,不会因发送端反复重发而延误时间,故系统实时性好。在 FEC 方式中,纠错码的纠错能力越强,纠错后的误码率就越低,译码设备则越复杂。

2. 检错重发(ARQ)方式

发送端经过编码后发出能够检错的码组,接收端收到后,若检测出错误,则通过反向信道通知发送端重发,发送端将前面的信息再重发一次,直到接收端确认收到正确信息为止。检测出错误,是指发现某个或某些接收码元有错,但不确定错码的准确位置。该方式也需要使用反向信道,而且实时性较差;但是,检错译码器的成本和复杂性均明显低于前向纠错方式。

常用的检错重发系统有3种,即停止—等待重发、返回重发和选择重发。

3. 反馈校验(IRQ)方式

接收端将收到的信息码元原封不动地转发回发送端,并与发送的码元相比较。若发现错误,发送端再进行重发。该方法原理和设备较简单,无须检错和纠错编译系统,但需使用反向信道。由于每个信息码元至少要被传送两次,故传输效率低、实时性差。

4. 混合纠错(HEC)方式

HEC 是前向纠错方式和检错重发方式的结合。在 HEC 方式中,发送端不但具有纠错能力,而且对超出纠错范围的错误也具有检测能力。

二、差错控制编码

(一)差错控制编码分类

差错控制编码可按如下方法进行分类。

1. 按照编码的不同功能分类

(1)检错码

能发现错误,但仅能检错。

(2)纠错码

在检错的同时还能纠正误码。

(3) 纠删码

不仅具有纠错的功能，还能对不可纠正的码元进行简单的删除。

2. 按照信息码元和附加监督码元之间的检验关系分类

(1) 线性码

信息码元与监督码元之间的关系为线性关系 (满足一组线性方程)。

(2) 非线性码

信息码元与监督码元之间的关系为非线性关系。

3. 按照信息码元和附加监督码元之间的约束关系分类

(1) 分组码

监督码元仅与本组的信息有关。

(2) 卷积码

监督码元既与本组的信息有关，也与以前码组的信息有约束关系，各组之间具有相关性。卷积码的性能优于分组码，在通信中的应用日趋增多。

4. 按照信息码元在编码前后原形式是否保持分类

(1) 系统码

信息码元和监督码元在分组内有确定的位置。

(2) 非系统码

信息码元改变了原来的信号形式。由于非系统码中的信息位已经改变了原有的信号形式，这给观察和译码都带来了麻烦，因此较少应用。

(二) 码重、码距的概念

1. 码重

在信道编码中，定义码组中非零码元的数目为码组的重量，简称码重。例如，"010" 码组的码重为 2。如电传、电报及条形码中广泛使用的恒比码，其许用码组长度相等，码重也相等，因此 "0" 和 "1" 的个数比值恒定。

2. 码距与汉明距离

把两个码组中对应码位上具有不同二进制码元的个数定义为两码组的距离，简称码距。例如，"00" 与 "01" 的码距为 1，"110" 与 "101" 的码距为 2。

在一种编码中，任意两个许用码组间的距离的最小值，称为这一编码的汉明（Hamming）距离。如"011""110"与"101"3个许用码组组成的码组集合中的两码距都为2，因此该编码的汉明距离为2。

（三）常用的差错控制编码方法

1. 奇偶校验码

奇偶校验码（又称奇偶监督码）是一种最简单的检错码，在数据通信中得到了广泛的应用。奇偶校验码分为奇校验码和偶校验码，两者的构成原理相同。其编码规则是先将所要传输的数据码元（信息码）分组，在分组信息码元后面附加1位监督位，使得该码组中信息码和监督码合在一起后"1"的个数为偶数（偶监督）或奇数（奇监督）。

2. 水平奇偶校验码

为了提高上述奇偶校验码的检错能力，特别是弥补不能检测突发错误的缺陷，引出了水平奇偶校验码。其构成思路：将信息码序列按行排成方阵，每行后面加一个奇或偶校验码。即每行为一个奇偶校验码组，但发送时采用交织的方法，即按方阵中列的顺序进行传输：11101，11001，10000，…，10101，到了接收端仍将码元排成与发送端一样的方阵形式，然后按行进行奇偶校验。由于这种差错控制编码是按行进行奇偶校验，因此称为水平奇偶校验码。

可以看出，由于在发送端是按列发送码元而不是按码组发送码元，而把本来可能集中发生在某一码组的突发错误分散在了方阵的各个码组中，因此可得到整个方阵的行监督。采用这种方法可以发现某一行上所有奇数个错误，以及所有长度不大于方阵中行数的突发错误，但是仍然没有纠错能力。

3. 二维奇偶校验码

二维奇偶校验码由水平奇偶校验码改进而得，又称为水平垂直奇偶校验码。其编码方法是在水平校验基础上，对方阵中每一列再进行奇偶校验，发送时按行或列的顺序传输。到了接收端重新将码元排成发送时的方阵形式，然后每行、每列都进行奇偶校验。

（1）该码比水平奇偶校验码有更强的检错能力

它能发现某行或某列上奇数个错误和长度不大于方阵中行数（或列数）的突发错误。

（2）该码还有可能检测出一部分偶数个错误

当然，若偶数个错误恰好分布在矩阵的4个顶点上时，这样的偶数个错误将检测不出。

（3）该码还可以纠正一些错误

例如，某行某列均不满足监督关系而判定该行该列交叉位置的码元有错，从而纠正这一位上的错误。

二维奇偶校验码检错能力强，又具有一定的纠错能力，且容易实现，因而得到了广泛的应用。

（四）差错控制编码技术进展

随着超大规模集成电路技术的发展，很多复杂的纠错编码已进入实用领域，如网格编码调制和 Turbo 码等。

1. 网格编码调制

纠错编码需要增加冗余度。实时通信系统采用纠错编码时，是以增加额外的传输带宽为代价来获得性能的提高。网格编码调制（TCM）作为纠错编码技术与调制解调技术相结合的方式，可在带限信道以不扩展带宽的情况下提高性能。其基本思想：在带限信道中，通信系统被设计成采用频带效率高的多电平多相位的调制方法；当编码用于带限信道时，通过增加符号数（相对于不编码系统）提供编码所需的冗余度，来达到不扩展带宽而取得编码增益的目标。

2. Turbo 码

Turbo 码是一种采用重复迭代译码方式的并行级联码。级联码是由短码构造长码的一种特殊有效方法。Turbo 码采用软输入 / 软输出译码器，其编码（特别是解码）方法非常复杂。Turbo 码在加性白噪声无记忆信道上及特定参数条件下，可达到接近误码率为零的极限传输性能。Turbo 码的优良性能，受到移动通信领域的高度重视，已被确定为第三代移动通信中高质量、高速率传输业务的编码方案。

第三节　信道复用与同步技术

通信技术的发展和通信系统的广泛应用，使得通信网的规模和需求越来越大。而系统容量则成为一个非常重要的问题。一方面，原来只传输一路信号的链路上，现在可能要求传输多路信号；另一方面，一条链路的频带通常很宽，足以容纳多路信号传输。所以，多路通信（多路独立信号在一条链路上传输）应运而生。

一、信道复用概述

信道复用是指多个用户同时使用同一条信道进行通信。为了区分在一条链路上的多个用户的信号，理论上可以采用正交划分的方法，即凡是在理论上正交的多个信号，在同一条链路上传输到接收端后，都可能利用其正交性完全区分开。

（一）多路复用

通信设备体制不同，信道的复用方式也不同。常用的正交划分体制主要如下。

1. 频分复用（FDM）

频分复用是在频域中划分的频分制。

2. 时分复用（TDM）

时分复用是在时域中划分的时分制。

3. 码分复用（CDM）

码分复用是利用正交编码划分的码分制。

4. 空分复用（SDM）

空分复用是指利用窄波束天线在不同方向上重复使用同一频带，即将频谱按空间划分复用，用于无线通信。

5. 极化复用

极化复用是利用两种极化（垂直和水平）的电磁波分别传输两个用户的信号，即按极化重复使用同一频谱，用于无线通信。

6. 波分复用（WDM）

波分复用用于光通信，是按波长划分的复用方法。其实质上也是一种频分复用。由于载波在光波波段，其频率很高，通常用波长代替频率来讨论，故称为波分复用。

（二）多路复接

随着通信网的进一步发展，通信网的规模越来越大，路数越来越多，网际关系也越来越密切，出现几个多路传输的网或链路间需要互联，这称为复接。复接技术是为了解决来自若干条链路的多路信号的合并和区分。目前，大容量链路的复接几乎都是时分复用（TDM）信号的复接。此时，多路TDM信号时钟的统一和定时即成为关键技术问题。

现代通信网是一个覆盖全球的网，为了解决各国各个网和链路之间的互联互通问题，必须有国际统一的接口标准。例如，国际电信联盟（ITU）所制定的有关复用和复接的一系列标准的建议，已为各国所采用。

一个通信网需占用一定的频带和时间资源。为了使这些资源得到充分利用，发展出了各种多路复用技术，将每条链路的多个信道分配给不同用户使用，从而提高了链路的利用率。但在多路复用和复接时，并不是每路用户在每一时刻都占用着信道。为了充分利用频带和时间，希望每条信道为多个用户所共享。于是在多路复用和复接技术发展的同时，逐渐发展出了多址接入技术。

（三）多址接入

"多路复用（复接）"和"多址接入"都是为了共享通信网，这两种技术有许多相同之处，但也有区别。在多路复用（复接）中，用户是固定接入的，或者是半固定接入的，因此网络资源是预先分配给各用户共享的。然而，多址接入时网络资源通常是动态分配的，且可由用户在远端随时提出共享要求。

例如，在卫星通信系统中，为了使卫星转发器得到充分利用，按照用户需求，将每个信道动态地分配，使得大量用户可以在不同时间以不同速率（带宽）共享网络资源。在计算机通信网中，以太网（Ethernet）也是多址接入的实例。故多址接入网络必须按照用户对网络资源的需求，随时动态地改变网络资源的分配。

多址技术也有多种，例如，频分多址、时分多址、码分多址、空分多址、极化多址，以及其他利用信号统计特性复用的多址技术等。

二、多路复用技术

在现代通信网传输系统中，一条信道所提供的带宽通常比所传送的某种信号带宽要宽得多。若一条信道只传送一种信号则将浪费资源。多路复用技术用于实现在同一信道中传递多路信号而互相不干扰，以提高信道利用率。

多路复用技术的理论基础是信号分割原理，根据信号在频率、时间、码型等参量上的不同，将各路信号复用在同一信道中进行传输。多路复用技术包括复用、传输和分离3个过程。多个复用系统的再复用和解复用称为复接和分解。

常用的多路复用技术有频分复用（FDM）、时分复用（TDM）和码分复用（CDM）等。

(一) 频分复用

频分复用（FDM）是信道按照频率区分信号。即将信道划分成若干个相互不重叠的子频带，每个子频带占用不同的频段，然后将需要在同一信道上同时传送的多个信号调制到不同的频带上，合并到一起不会相互影响，并且能在接收端彼此分离开。

频分复用（FDM）适用于模拟信号的传输，主要用于长途载波电话、立体声调频、电视广播和空间遥测等方面。频分复用将传输媒介的频带资源划分为多个子频带，分别分配给不同的用户形成各自的传输子通路，各用户只能使用被分配的子通路传送信息。频分多路复用设备复杂，成本较高，目前应用已不多，正在逐步被时分多路复用替代。

(二) 时分复用

时分复用（TDM）是按时间区分信号，即把时间划分为若干时隙，各路信号占用各自的时隙，来实现在同一个信道上传输多路信号。

时分复用技术按规定的间隔在时间上相互错开，在一条公共通道上传输多路信号，其理论基础是抽样定理，其必要条件是定时与同步。

1. 同步时分复用

同步时分复用将传输媒介的使用时间轮流分配给不同的用户，各用户只有在被分配的时间段（时隙）使用传输媒介传送信息，即使某个用户在所分配的时隙内不传送信息，其他用户也不能使用传输通路。同步时分复用技术是按时隙来发送和接收信息，因此收发两端的时分复用器应保持严格的同步。

在数字通信系统中，帧是指传输一段具有固定数据格式的数据所占用的时间。各种信号（包括加入的定时、同步等信号）都严格按时间关系进行，该时间关系称为帧结构。

时分复用的基本条件：各路信号必须组成帧；一帧应分为若干时隙；在帧结构中必须有帧同步码；允许各路输入信号的抽样速率（时钟）有少许误差。

对于时分制多路电话系统的标准，ITU 制定了准同步数字同步体系（PDH）和同步数字同步体系（SDH），并对 PDH 和 SDH 都制定了 E 体系（中国、欧洲等采用）和 T 体系（北美、日本等采用）。

2. 统计时分复用

同步时分复用以及频分复用都属于预分配资源的方式，即根据用户要求预先为各用户分配传输容量。当用户不传送数据时，信道资源便得不到充分的利用，不适用于突发性业务的需要。

采用动态分配或按需分配资源的方式可以克服预分配资源方式的缺点，即当用户有数据需要传输时才分配线路资源，而当该用户没有数据传输时，信道资源可以为其他用户所用，该方式称为统计时分复用（STDM）。

在统计时分复用方式中，各用户数据在通信信道上随机地相互交织传输。为了便于接收端能识别来自不同用户终端的数据，发送端需要在用户数据之前加上终端号或子信道号，通常称为标记。

（三）码分复用

在频分复用或时分复用方式中，不同的用户分别占用不同的频带或时隙来进行通信。码分复用（CDM）是指发送端各路信号占用相同的频带，在同一时间发送，不同的是对各路信号的码元采用不同的编码；利用各路编码的正交性，在接收端区分不同路的信号。

三、数字复接技术

在数字传输系统中，为了扩大传输容量和提高传输效率，常需要将若干个低速数字信号合并成一个高速数字信号流，以便在高速信道中传输；在到达接收端后，再把这个高速数字信号流分解还原成为相应的各个低速数字信号。该技术称为数字复接技术。

(一) 数字复接系统

数字复接系统由数字复接器和数字分接器两部分组成。其可使一条高速数字信道用作多条低速数字通道，从而大大提高数字传输系统的传输效率。

1. 数字复接器

数字复接器位于发送端，把两个或多个低速数字支路信号（低次群）按时分复用方式合并成为一个高速数字信号（高次群）的设备。其由定时、码速调整和复接单元组成。

定时单元：提供统一的基准时钟，产生复接所需的各种定时控制信号。

码速调整单元：受定时单元控制，对速率不同的各支路信号进行调整，使之适合进行复接。

复接单元：也受定时单元控制，对已调整的各支路信号实施复接，形成一个高速的合路数字流（高次群）；同时复接单元还必须插入帧同步信号和其他监控信号，以便接收端正确接收各支路信号。

2. 数字分接器

数字分接器位于收信端，由同步、定时、分接和码速恢复等单元组成。

同步单元：控制分接器的基准时钟，使之和复接器的基准时钟保持正确的相位关系，即保持收发同步，并从高速数字信号中提取定位信号送给定时单元。

定时单元：通过接收信号序列产生各种控制信号，并分送给各支路进行分接。

分接单元：将各路数字信号进行时间上的分离，以形成同步的支路数字信号。

码速恢复单元：还原出与发送端一致的低速支路数字信号。

（二）数字复接方法

同步复接是数字复接的基础。根据复接器输入端各支路信号与本机定时信号的关系，数字复接方法可分为同步复接与异步复接。

1. 同步复接

若复接器各输入支路数字信号相对于本机定时信号是同步的，称为同步复接，只需相位调整（或无须调整）即可实施复接。同源信号的复接为同步复接，同源信号是指各个信号由同一主时钟源产生。

2. 异步复接

若复接器各输入支路数字信号相对于本机定时信号是异步的，称为异步复接。需要先对各个支路进行频率和相位调整，使之成为同步的数字信号，然后实施同步复接。异源信号的复接即为异步复接，异源信号是指信号由不同的时钟源产生。

在异源信号中，若各信号的对应生效瞬间为同一标称速，而速率的任何变化都限制在规定的范围之内，则称为准同步信号。绝大多数异步复接都属于准同步信号的复接。而在异步复接中，若解决将非同步信号变成同步信号的问题，经码速调整即可实施同步复接。

码速调整分为正码速调整（调整后的速率高于调整前的速率）、负码速调整和正负码速调整。我国采用正码速调整。

（三）数字信号的复接方式

数字信号的复接要解决两个问题，即同步和复接。

同步是把若干数码率不同的支路数字信号速率按一定规则，调整到一致且保持固定的相位关系。

复接是把已同步的数字信号按时分复用方式，合并为一个高速数字信号序列。

根据参与复接的各支路信号每次交织插入的码元结构，复接可分为以下几种方式。

1. 按位复接

按位复接的方式每次复接一位码。若要复接 4 个基群信号，则依次先取第一、第二、第三、第四基群的第一位码，然后取各自基群的第 2 位码，以此类推，循环往复。复接后每位码宽度只有原来的 1/4。

2. 按字复接

按字复接方式每次复接取一个支路的 8 位码，各个支路的码轮流被复接。在其他三个支路复接期间，必须把另一个支路的 8 位码存储起来。该方式有利于多路合成处理和交换，但需要容量较大的缓冲存储器。

3. 按帧复接

按帧复接方式以帧为单位进行复接，即依次复接每个基群的一帧码。其优点是不破坏原来各个基群的帧结构，有利于交换，但需要容量更大的缓冲存储器。

(四) 数字复接系列

数字复接是按照一定的规定速率，从低速到高速分级进行的，其中某一级的复接是把一定数目的具有较低规定速率的数字信号，合并成为一个具有较高规定速率的数字信号。该数字信号在更高一级的数字复接中，与具有同样速率的其他数字信号做进一步的合并，成为更高规定速率的数字信号。

四、同步技术

同步是数字通信系统的基本组成部分。数字通信的特点之一是通过时间分割来实现多路复用，即时分多路复用。

通信过程中的信号处理和传输都在规定的时隙内进行，帧同步是实现时分多路通信必不可少的条件之一。为了使整个通信系统准确、有序、可靠地工作，收发双方必须有一个统一的时间标准，该时间标准依靠定时系统去完成收发双方时间的一致性，即实现了时间上的同步。

(一)同步的基本概念

同步是使系统的收发两端在时间和频率上保持步调一致。同步技术可以使通信系统的收发两端或整个通信网络以精度很高的时钟提供定时，以便系统(或网络)的数据流能同步、有序而准确地传送信息达到收发信端。

同步准确性对通信质量有很大影响；多媒体信息传输则对同步有更进一步的要求，应达到各信息媒体之间的同步显示。同步系统性能的好坏，直接影响着通信系统性能的优劣。

(二)同步系统的基本要求

同步系统是使收发定时系统同步工作，以保证在接收端能正确地接收每一个码元，并正确分出每一路信息码和信令码。

由于信息码元的传输只在收发之间建立同步后才能开始进行，因而对同步系统提出了下述基本要求：同步误差小、相位抖动小，以及同步建立时间短、保持时间长等。

同步是系统正常工作的前提。若同步性能不好将使数字通信设备的抗干扰性能下降，误码增加；若同步丢失(或失步)将会使整个系统无法工作。因此，在数字通信同步系统中，对同步信息传输的可靠性要求，将高于在信息信号传输时的可靠性指标。

(三)同步技术的分类

1.载波同步

数字调制系统的性能是由解调方式决定的。在相干解调中，其解调电路需要同步载波(收信端产生与发信端同频同相的载波)。相干解调首先要在接收端恢复出相干载波，该载波应与发送端的载波在频率上同频并在相位上保持某种特定关系。在接收端获得这一相干载波的过程称为载波跟踪、载波提取或载波同步。载波同步是实现相干解调的先决条件。

2.位同步(码元同步)

在基带传输或频带传输中，都需要位同步。因为在数字通信系统中，消息是由一连串码元序列传递的，这些码元一般具有相同的持续时间。

由于传输信道不理想，导致以一定速率传输到接收端的数字信号，其波形混有噪声和干扰而产生失真。为了从该波形中恢复出原始的基带数字信号，就要对波形进行取样判决，因而需要在接收端产生一个码元同步脉冲或位同步脉冲。该码元定时脉冲序列的重复频率和相位（位置）应与接收码元一致，以保证接收端的定时脉冲重复频率和发送端码元速率相同，并使取样判决时刻对准最佳位置。

通常把位同步脉冲与接收码元的重复频率和相位的一致，称为码元同步或位同步；而把同步脉冲的取得称为位同步提取。

3. 帧同步（群同步）

对于数字信号传输，若有载波同步，可利用相干解调方式解调出含有载波成分的基带信号包络；若有位同步，则可从不规则的基带信号中判决出每一个码元信号，形成原始的基带数字信号。上述数字信号都是按照一定数据格式传送的，一定数目的信息码元通过字的组合构成一帧（群），从而形成群的数字信号序列。

在接收端，若要正确地恢复消息，就必须识别帧的起始时刻。

在数字时分多路通信系统中，各路信息码元被安排在指定的时隙内传送，形成一定的帧结构。在接收端，为了正确分离各路信号，必须识别出每帧的起始时刻，找出各路时隙的位置，即接收端必须产生与帧的起止时间相一致的定时信号，获得该定时序列称为帧同步。

4. 网同步

当通信在点对点之间进行，并且完成了载波同步、位同步、帧同步之后，即可进行可靠的通信。但通信网中往往需要在多点之间相互连接，需要把各个方向传来的信息码元按其不同目的进行分路、合路和交换。为了有效地完成这些功能，必须实现网同步。

（四）同步方式

同步也是一种信息，若按传输同步信息方式的不同，可分为外同步法和自同步法。

1. 外同步法

外同步法由发送端发送专门的同步信息，接收端检测出该信息作为同步信号。该方法需要传输独立的同步信号，因此要付出额外的功率和频带。帧同步一般采用外同步法。

2. 自同步法

在自同步法中，发送端不发送专门的同步信息，接收端设法从所收的信号中提取同步信息。在载波同步中多采用自同步法。

第四节　数字信号的基带传输

基带是由消息转换而来的原始信号所固有的频带，不搬移基带信号的频谱而直接进行传输的方式称为基带传输。基带传输系统所涉及的技术问题包括信号类型（传输码型）、码间串扰、实现无串扰传输的理想条件以及如何克服和减少码间串扰的具体措施等，例如，对单路的或经过复用的基带信号进行加密、编／解码、扰码与解扰、时域均衡、回波抵消等处理技术。

一、数字信号传输的基本概念

数字信号传输的基本内容是波形设计以及传输波形的改善技术，而所有改善技术则是为了减少接收端恢复发送信号时可能发生的差错率。

（一）基带传输

数字信号从源传到目的地，需要有数字传输设备和传输媒介，以及某些信号转换设备。从数字通信终端送出的数字信号（其频谱范围一般从零开始），称为基带信号；用基带信号直接进行传输，则称为基带传输。

基带信号频率较低，很难实现远距离传输；基带信号包含的频谱成分很宽，而能用于基带传输的信道是有限的。因此，常采用将信号的带宽限制在某一范围内。通常的市内电话线路或专用的实线电路，可以进行基带传输。

数字信号的基带传输技术研究的主要问题如下。

1. 信号的频谱特性

信号的频谱特性指信号所包含的全部频率范围在传输中所受的影响。数字信号最常用的波形是二进制矩形脉冲序列，该波形的频谱范围无限宽，但能量比较集中。

2. 信道的传输特性

矩形脉冲序列信号在实际系统中传输时，信号的一部分频谱就被截除，再加上在传输中的衰减、干扰等因素，信号波形将产生失真。信号所受的衰减和干扰越大，其在接收端出现误判的概率也越大。

3. 经过信号传输后的数字信号波形

为了减少误判，数字传输系统普遍采用再生中继技术，即对数字信号进行整形，使"0"或"1"信号在接收点进行判决时不致被误判。

(二) 数字基带传输系统组成

基带波形形成器：将二进制数据序列变换成以矩形脉冲为基础，较适合于信道传输的各种码型 (一般低频分量较大，占用频带较宽)。

发送滤波器：把以矩形脉冲为基础的各种码型，变换为更加适合于信道传输的信号，即形成变化比较平滑的信号波形。

信道：一般为有线信道 (如电缆)，信道中会引入噪声。

接收滤波器：发送滤波器和接收滤波器共同形成所需要的波形，当波形由发送滤波器一次形成时，接收滤波器的作用仅是限制带外噪声进入接收系统，以提高判决点的信噪比。

均衡器：信道畸变的均衡，即对失真的波形进行均衡。

抽样判决器：在最佳时刻对信号进行抽样，并判定信号码元的值。

(三) 数字信号传输的主要技术内容

在数字信号传输中，要实现两地之间的通信，除了两地的数字终端外，还需要有相应的传输设备 (如脉码调制设备、再生中继设备等) 和信道。其设备和信道状况都将直接影响到通信的容量与质量。数字信号传输中所涉及的主要技术内容如下：①采用数字复接技术，以扩大传输容量，提高传输效率；选用合适的线路传输码型，以实现无失真传输。②采用再生中继技术解决衰减、杂音、畸变、串音等问题，增长传输距离。③扩大频带宽度，提高通信容量。

二、基带传输的常用码型

数字信号在传输过程中受到干扰将会失真，从而可能引起接收端的错误接收。若使接收端能够以最小的差错率恢复出原发送的数字信号（而并不要求信号波形无失真地传输），则需要设计一种适合于在给定信道上传输的信号波形。适合在有线信道中传输的数字基带信号码型称为线路传输码型。

（一）对传输码型的要求

数字传输中对码型的基本要求如下：①传输信号的频谱中不应有直流分量。②码型中应包含定时信息（以利于定时信息的提取）。③码型变换设备要简单可靠。④码型应具有一定的检错能力。⑤编码方案对发送消息类型不应有任何限制（与信源统计特性无关的该特性称为对信源具有透明性）。

（二）常用传输码型

1. 交替极性码（AMI）

AMI码又称双极方式码、平衡对称码、传号交替反转码等。其编码方法是把单极性方式中的"0"码仍与零电平对应，而"1"码则对应发送极性交替的正、负电平。

2. 三阶高密度双极性码（HDB_3）

HDB_3码是在AMI码基础上，为克服一串长连"0"码（难以提取定时信息）而改进的一种码型。其基本思想：不使AMI码的连"0"码太多，当连续出现4个"0"码时，则人为添加脉冲（称为破坏脉冲），用V表示；为保证无直流，V脉冲应正负交替插入；同时人为添加的破坏脉冲还应与信码严格区别，以便接收端能够正确恢复原信息。

3. 传号反转码（CMI）

CMI码的编码规则：当出现"0"码时，用"01"表示；当出现"1"码时，交替用"00"和"11"表示。其优点是无直流分量，且频繁出现波形跳变，便于定时信息提取，并具有误码监测能力。

4. 双相码

双相码又称为分相码或曼彻斯特码。其特点是每个码元用两个连续极性相反的码来表示。如"1"码用正、负脉冲表示，"0"码用负、正脉冲表示。该码的优点是无直流分量，最长的连"0"、连"1"数为 2，定时信息丰富，编译码电路简单。

三、眼图

由于滤波器部件调试不理想或信道特性的变化等，在码间干扰和噪声同时存在的情况下，系统性能的定量分析更是难以进行。因此，在实际应用中需要用简便的实验方法来定性测量系统的性能，其中一个有效的实验方法是观察接收信号的眼图。

(一) 码间干扰的概念

信号在信道上传输发生畸变的原因主要是输入信号的频谱较宽，而信道对于信号各个频率成分传输的衰耗是不同的，这样各个频率成分在经过不同衰减后，再叠加在一起的波形将与原来的形状不同。

如果信道对于信号各个频率成分传输的衰耗相同，则不会产生信号畸变，这样的信道称为理想信道。而通信传输信道往往复杂多变，实际的通信信道都是不理想信道。

所谓码间干扰就是由于信道特性的不理想，波形失真比较严重时，可能出现前面几个码元的波形同时串到后面，对后面某一个码元的抽样判决产生影响。

(二) 眼图的概念

眼图是指利用实验手段方便地估计和改善 (通过调整) 系统性能时，在示波器上观察到的一种图形。观察眼图的方法：用一个示波器跨接在接收滤波器的输出端，然后调整示波器水平扫描周期，使其与接收码元的周期同步。此时可以从示波器显示的图形上观察出码间干扰和噪声的影响，从而估计系统性能的优劣程度。在传输二进制信号波形时，示波器显示的图形很像人的眼睛，故名"眼图"。

当存在噪声时，眼图的线迹变成了比较模糊的带状的线，噪声越大，线条越宽，越模糊，"眼睛"张开得越小。需要注意的是，从图形上并不能观察到随机噪声的全部形态，例如，出现机会少的大幅度噪声在示波器上一晃而过，因而用人眼是观察不到的。所以，在示波器上只能大致估计噪声的强弱。

（三）眼图模型

由以上分析可知，眼图可以定性反映码间串扰的大小和噪声的大小。眼图可以用来指示接收滤波器的调整，以减小码间串扰，改善系统性能。为了说明眼图和系统性能之间的关系，可把眼图简化为一个模型。可以获得以下信息：①最佳抽样时刻应是"眼睛"张开最大的时刻。②眼图斜边的斜率决定了系统对抽样定时误差的灵敏程度：斜率越大，对定时误差越灵敏。③图的阴影区的垂直高度表示信号的畸变范围。④图中央的横轴位置对应于判决门限电平。⑤抽样时刻上，上、下两阴影区间隔距离的一半为噪声的容限，噪声瞬时值超过容限就可能发生错误判决。⑥图中倾斜阴影带与横轴相交的区间表示了接收波形零点位置的变化范围，即过零点畸变，其对于利用信号零交点的平均位置来提取定时信息的接收系统有很大影响。

四、再生中继与均衡技术

再生中继的作用是对基带信号进行均衡和放大，对已失真信号进行判决，再生出与发送信号相同的标准波形。对传输系统中的线性失真进行补偿或者校正的过程称为均衡。再生中继与均衡技术是数字传输系统中的主要技术之一。

（一）再生中继技术

数字信号在信道中传输时，其功率会逐渐衰减；由于各种干扰的存在，信号波形也会产生失真。传输的距离越长，信号衰减和失真也就越严重，从而使误码增加、通信质量下降。

为了延长通信距离，需在传输通路的适当地点设置再生中继器，使信号在传输过程中的衰减得到补偿，并消除干扰的影响。再生后的信号将与未受干扰的信号一样，一站接一站地往前传，向更远的距离传输。"再生中继"因此得名。

再生中继器由均衡放大电路、定时提取电路、判决及码形成电路等部分组成。

均衡放大电路：对接收到的失真波形进行放大和均衡。

定时提取电路：在收到的信码流中提取定时时钟，以得到与发端相同的主时钟脉冲，实现收发同步。

判决及码形成电路：对已被放大和均衡的信号波形进行抽样、判决，并根据判决结果形成新的（与发送端相同的）脉冲。

目前，再生中继器已实现集成化，并具有体积小、工作稳定和便于批量生产等优点。

(二) 均衡技术

为了补偿或者校正实际的传输系统中的线性失真，可在接收滤波器和取样判决电路之间加一均衡滤波器 (简称均衡器)，使得合成的总特性满足数据传输的要求。

在基带传输系统中，常用的均衡器有频域均衡器和时域均衡器两大类。

1. 频域均衡

频域均衡是使整个传输系统 (包括均衡器在内) 满足无失真传输的条件。其基本思想是分别校正幅频特性和群时延特性，利用可调滤波器的频率特性去补偿基带系统的频率特性。频域均衡是按信号波形无失真传输条件而设计的，其不仅是为了消除码间干扰而用于数字脉冲信号的传输，也适用于模拟信号传输。

2. 时域均衡

时域均衡以传输信号的时域脉冲响应为出发点，力求传输系统 (包括其本身在内) 所形成的接收波形接近于无失真信号波形，目的是消除取样点上的码间干扰 (而不要求整个信号波形无失真)。时域均衡关注取样点的瞬时值，使该点上的码间干扰和噪声对判决的影响达到最小，从而提高取样判决的正确率。现代数字通信系统中的时域均衡器常采用自适应均衡滤波器，其在规定的准则下，可实现最佳接收。

第四章 数据通信技术

第一节 数据通信概述

数据通信是用通信线路（包括通信设备）将远地的数据终端设备与主计算机连接起来进行信息处理，以实现硬件、软件和信息资源共享。数据通信是以传输和交换数据为业务的一种通信方式，是为了实现计算机与计算机或终端与计算机之间信息交互而产生的一种通信技术，是计算机与通信相结合的产物。

一、数据通信的概念

按现代通信的概念，凡是在终端以编码方式表示的信息，且以在信道上传送该数据为主的通信系统或网络，都称为数据通信。

数据通信通常是指计算机之间或计算机与终端之间在通信信道上进行信息传输和交换的通信方式。数据通信侧重研究数据信息的可靠及有效传输，其主要任务是传送数据信息。

计算机通信则常指计算机之间或计算机与终端之间为共享硬件、软件和数据资源而协同工作，以实现数据信息传送的通信方式。计算机通信除了完成数据传送外，还要在数据传输的每一阶段分析所传数据信息的含义并作出相应处理，其主要任务是实现信息交换，以达到资源共享、分布处理、高速数据传送、通信与信息处理等目标。

随着技术的进步，数据通信与计算机通信的功能相互渗透而难以严格区分；计算机通信和数据通信、数据通信和网络通信、计算机通信网和数据通信网的术语也经常相互混用。

(一) 基本概念

在数据通信中涉及关于数据、数据信号、数据通信和协议 (规程) 的基本概念。

数据：能够由计算机或数字终端设备进行处理，并以某种方式编制成二进制码的数字、字母和符号的集合。

数据信号：携带数据信息 (以编码方式表示)、具有两个状态 (高、低电平或正、负电平) 的电脉冲序列。

数据通信：通信双方 (或多方) 按照一定协议 (或规程)，以数字信号 (也可是模拟信号) 为载体，完成数据传输的过程或方式。

协议 (规程)：为了能有效可靠地进行通信而制定的通信双方必须共同遵守的一组规则，包括相互交换信息的格式、含义，以及过程间的连接和信息交换的节拍等。

(二) 数据通信的特点

数据通信具有以下主要特点：①数据通信是 "人—机" 或 "机—机" 之间的通信，通信过程不需要人的直接参与，为了保证通信的顺利进行，必须采用严格统一的传输控制规程 (通信协议)。②数据通信的传输速率极高，可以同时处理大量数据。③数据通信要求误码率不大于 $10^{-9} \sim 10^{-7}$，而语音及视频业务仅要求误码率不大于 10^{-4}，即数据通信可靠性要求高，因此必须采用严格的差错控制技术。④数据呼叫 (一次完整的通信过程) 具有突发度高和持续时间短的特点。其中突发度是指数据通信的峰值速率与平均速率之比。⑤数据通信业务的实时性要求比音视频业务低，可采用 "存储—转发" 方式传输信号。

(三) 数据传输方式

1. 异步传输与同步传输

异步传输：一般以字符为单位传输，在发送每一个字符代码时，都在前面加上一个起始位，长度为一个码元长度，若极性为 "0"，表示一个字符的开始；后面加上一个终止位，若极性为 "1"，表示一个字符的结束。

同步传输：又称独立同步方式。同步传输以固定的时钟节拍来发送数据信号，因此在一个串行数据流中，各信号码元之间的相对位置是固定的（同步）。该方式要求收发双方保证比特同步。字符同步通过同步字符（SYN）来实现。

2. 并行传输与串行传输

并行传输：数据（一定信息的数字信号序列）按其码元数可分成 n 路（通常 n 为一个字长，如 8 路、16 路、32 路等），同时在 n 路并行信道中传输，信源可将 n 位数据一次传送到信宿。并行传输的特点是需多条信道、通信线路复杂、成本较高，但传输速率快且不需要外加同步措施，就可实现通信双方的码组或字符同步，其多用于短距离通信（例如，计算机与打印机之间的通信）。

串行传输：数字流以串行方式在一条信道上传输，即数字信号序列按信号变化的时间顺序，逐位从信源经过信道传输到信宿。

3. 单工传输、半双工传输与全双工传输

若通信仅在两个设备之间进行，按信息流向与时间关系的不同，传输方式则可分为单工传输、半双工传输与全双工传输。

单工传输：指信息只能向一个方向传输的方式。一条链路的两个站点中，只有一个可进行发送，另一个只能接收。例如，广播、电视即为单工传输模式。

半双工传输：两个站点都可发送和接收数据，但同一时刻仅限于一个方向传输。

全双工传输：能同时进行双向通信，双方可同时发送和接收数据。两个方向的信号使用两条独立的物理链路或者共享一条链路进行传输，每个方向的信号平分信道的带宽。

二、数据通信系统

（一）数据通信系统的组成

在数据通信系统中，远端的数据终端设备（DTE）通过由数据电路终接设备（DCE）和传输信道组成的数据电路，与计算机系统实现连接。

1. 数据终端设备（DTE）

DTE 是数据通信网中用于处理用户数据的设备，从简单的数据终端、I/O 设备到复杂的中心计算机均称为 DTE。

2. 数据电路终接设备（DCE）

DCE 属于网络终接设备，调制解调器（Modem）、线路接续控制设备及与线路连接的其他数据传输设备均称为 DCE。

若数据通信网由电话交换网构成，此时传输信道（电话用户线）是模拟信道，数据传输采用语音频带数据传输方式，DCE 主要起（频带）调制解调器的作用，即把 DTE 所传送的数字信号变换为模拟信号再送往信道，或把信道所传送的模拟信号变换为数字信号再送往 DTE。此外，调制解调器还有同步、双工方式、自动拨号 / 自动应答等功能。

若信道是数字信道，DCE 由数据服务单元（DSU）和信道服务单元（CSU）组成。DSU 的功能是把面向 DTE 的数字信道上的数据信号变化为双极性的数字信号、包封的形成 / 还原、定时信号的传输与提取；CSU 完成信道的均衡、信号整形、环路检测等。

3. 传输信道

传输信道有不同的分类方法，可分为模拟信道和数字信道、专用线路和交换网线路、有线信道和无线信道，并可分为频分信道、时分信道、码分信道等。

4. 数据链路

数据电路终接设备（DCE）与信道一起构成数据电路。数据电路加上传输控制规程以及两端执行规程的传输控制器和通信控制器构成数据链路。链路是一条无源的点到点的物理线路段，中间没有任何的交换节点。在传输质量上，数据链路优于数据电路。

（二）数据通信系统的功能

1. 传输系统的充分利用

传输设施通常会被多个正在通信的设备共享。信道复用技术可在若干用户间分配传输系统的总传输能力。为保证系统不会因过量的传输服务请求而超载，需引入拥塞控制技术。

2. 接口

建立设备与传输系统之间的接口并产生信号是进行通信的必要条件，其信号格式及信号强度应能在传输系统上进行传播，并能被接收器转换为数据。

3. 同步

发送器和接收器之间需达成某种形式的同步。接收器必须能判断信号的开始到达时间、结束时间，以及每个信号单元的持续时间。

4. 交换的管理

若在一段时间内数据的交换为双向，则收发双方必须合作，系统为此需收集其他信息。

5. 差错控制

任何通信系统都可能出现差错（如传送的信号在到达终点前失真过度），在不允许出现差错的环节中（如在数据处理系统中）就需要有差错检测和纠正机制。为了保证目的站设备不致超载，还需进行流量控制以防源站设备将数据发送得过快。

6. 寻址和路由选择

寻址是指传输系统必须保证只有目的站系统才能收到数据。路由选择是指在多路径网络的传输系统中选择某条特定的路径。

7. 恢复

当信息正在交换时，若因系统某处故障而导致传输中断，则需使用恢复技术，其任务是从中断处开始继续工作，或恢复到数据交换前的状态。

8. 报文的格式化

在数据交换或传输的格式上，收发双方须达成一致的协议（如使用相同的编码格式）。

9. 安全措施

数据通信系统中必须采取若干安全措施，以保证数据准确无误地从发送方传送到接收方。

10. 网络管理

数据通信系统需要各种网络管理功能来设置系统、监视系统状态，在发生故障和过载时进行处理。

（三）数据通信系统的性能评价

1. 带宽

带宽有信道带宽和信号带宽之分，一个信道（广义信道）能够传送电磁波的有效频率范围称为该信道的带宽；对信号而言，信号所占据的频率范围就是信号的带宽。

2. 信号传播速度

信号传播速度是指信号在信道上每秒传送的距离（单位为 m/s）。通信信号通常是以电磁波的形式出现，因此信号传播速度一般为常量，约为300000 km/s，其略低于光在真空中的速度。

3. 数据传输速率（比特率）

数据传输速率即信息传输速率，指每秒能够传输多少位数据，单位为 bit/s。

4. 最大传输速率

每个信道传输数据的速率有一上限，该速率上限称为信道的最大传输速率，即信道容量。

5. 码元传输速率（波特率）

波特率（Baud）为单位时间内传输的码元个数。

6. 吞吐量

吞吐量是信道在单位时间内成功传输的信息量，单位一般为 bit/s。

7. 利用率

利用率是吞吐量和最大数据传输速率之比。

8. 延迟

延迟指从发送者发送第一位数据开始，到接收者成功地收到最后一位数据为止所经历的时间，可分为传输延迟和传播延迟。传输延迟与数据传输速率、发送机/接收机及中继和交换设备的处理速度有关，传播延迟与传播距离有关。

9. 抖动

延迟的实时变化称为抖动。抖动往往与设备处理能力和信道拥挤程度等有关，某些应用对延迟敏感，如电话；某些应用则对抖动敏感，如实时图像传输。

10. 差错率

差错率是衡量通信信道可靠性的重要指标，在数据通信中常用的是比特差错率、码元差错率和分组差错率。

比特差错率是二进制比特位在传输过程中被误传的概率。在样本足够多的情况下，错传的位数与传输总位数之比近似地等于比特差错率的理论值。

码元差错率对应于波特率，指码元被误传的概率。

分组差错率是指数据分组被误传的概率。

三、数据通信网

数据通信网一般指计算机通信网中的通信子网，即由电信部门组建的公共数据通信网。

(一) 数据通信网的组成

数据通信网是数据通信系统的扩充，即为若干个数据通信系统的归并和互联。其基本组成部件和数据通信系统相同，所增加的主要设备为数据交换机 (一般为分组交换机)。数据通信网按传输技术分类，有交换网和广播网两种形式。

1. 交换网

数据交换设备是数据交换网的核心，其基本功能是完成对接入交换节点的数据传输链路的汇集、转接接续和分配。交换网由交换节点和通信链路构成，用户之间的通信要经过交换设备。根据交换方式的不同，交换网又可分为电路交换网、分组交换网、帧中继网、ATM 网，以及采用数字交叉连接设备 (DXC) 作为数据传输链路转接设备的数字数据网 (DDN)。

2. 广播网

每个数据站的收发信机共享同一传输媒介。通过不同的媒介访问控制方式，产生了各种类型的广播式网络。在广播网中，没有中间交换节点，其采用多路访问技术来共享传输媒介。从任一数据站发出的信号可被所有其他数据站接收。局域网中绝大多数属于广播网。

(二) 数据通信网与计算机通信网

数据通信是计算机通信的基础，数据通信网可视为计算机通信网的一个组成部分。

计算机通信网由通信子网和本地网 (用户资源子网) 以及通信协议组成。在大多数场合中，数据通信网是指计算机通信网中的通信子网。

1. 通信子网

通信子网是由电信部门组建的公共数据通信网，由若干专用的通信处理机和连接这些节点的通信链路组成，承担全网的数据传输、转接、加工和变换等通信信息处理功能。通信子网具备传输和交换功能，其在原有通信网传输链路上加装了专用于数据交换 (或连接) 的节点交换机，从而构成了专门处理数据信息的数据通信网，并随着通信业务及网络的不断变化而变更。

2. 本地网

本地网 (用户资源子网) 是由若干计算机和终端设备、数据通信专用设备 (如集线器、复用器、通信控制器、前置处理机等)，以及设备与各类通信网的专用接口、各种软件资源和数据库等构成，负责全网数据处理业务，并向网上用户提供各种网络资源和网络服务。本地网的数据通信业务一般经由主机送往各节点交换机。除上述情况外，通信运营部门也可根据租用电路的要求，把若干个用户终端之间的电路在交换局的配线架上进行固定连接，组成一个固定通路的专用数据通信网 (DDN)。

四、计算机通信网

(一) 计算机通信网的特点

1. 数据快速传送

通过该功能实现了计算机与计算机、计算机与数据终端之间的信息传送，从而实现对地理位置分散的计算机进行集中管理和控制。

2. 资源的共享

通过网络互联，网内的硬件、软件及数据得以共用。计算机通信网的引入大大提高了整个计算机系统的数据处理能力，有效降低了信息的平均处理费用。

3. 可靠性高

网中的计算机可互为备用，当某台计算机出现故障时，可将其任务交由其他（备用）计算机去完成，而不会使整个系统陷入瘫痪；又如某数据库的处理机发生故障而使数据受到破坏时，计算机通信网可从另一台计算机的备份数据库中调入数据进行处理，并及时恢复遭破坏的数据库，从而提高系统的可靠性。

4. 均衡负载

若网中某台计算机负担过重时，可将部分任务转交给系统中较空闲的计算机去完成。通过对网中计算机的均衡负载与相互协作，来提高每台计算机的可用性。

5. 分布式处理方式

对于较大型的综合性处理任务，当单台计算机不能完成时，可将问题进行分解，并按一定的算法交由不同的计算机协作完成，达到均衡使用网络资源和分布处理的目的。利用网络技术，可将多台计算机连接成具有高性能的计算机通信网，使用该网去解决大型设计及较为复杂的问题，其费用远低于采用高性能的计算机系统机器及设备。

6. 机动灵活的工作环境

在计算机通信网中，用户不再局限于固定工作场所办公，可以通过网络实现流动工作环境（如家庭办公）。

7. 方便用户，易于扩充

随着各种网络软件的日益丰富和完善，用户可通过终端设备获取各种有用的信息和良好的网络服务，可把整个网络看作自己的系统。当需要扩充网络规模时，只需将新设备挂于原网络上即可实现。

8. 性能价格比高

网络设计者可以全面规划，根据系统总要求和各站点实际情况，确定各工作站点的具体配置，达到用最少投资获得最佳效果的目的。

（二）计算机通信网的基本类型

计算机通信网由于构成的方式、信息处理的形式、连接的手段等的不同而存在一定的差异，因此可从不同的角度进行分类。

1. 按传输距离分

若按传输距离来分类，计算机通信网可分为局域网、城域网和广域网。

(1) 局域网

局域网是在有限距离内联网的通信网。其支持所有通信设备的互联，以同轴电缆或双绞线构成通信信道，并能提供宽频带通信及信息资源的共享能力。局域网的传输距离一般在数千米以内，速率在 10 Mbit/s 以上，数据传输采用共享媒介的访问方式，采用 IEEE 802 协议标准。局域网可分为 3 类：局部区域网、高速局部网和计算机化分支交换网。

①局部区域网 (LAN)。

LAN 是一种通用局域网，主要支持工作站、微型机和用户终端等设备。其使用分组交换技术，既可传送数据，也可传输语音和视频图像信号，特别适用于自动化办公室。LAN 普遍采用同轴线组成总线型或树型拓扑结构，或由同轴线、双绞线和光纤组成环型拓扑结构。

②高速局部网 (HSLN)。

用于主机与大容量存储设备之间的连接与通信，具有很高的数据传输速率 (可达 50 Mbit/s) 和高速物理接口，可为文件的传输、大批量数据的传送和后援装入提供 I/O 通道。HSLN 采用分布式访问控制方式以及分组交换技术，从而提高了通信的可靠性和有效性。

③计算机化分支交换网 (CBX)。

CBX 是数字交换、电话交换与计算机技术相结合的综合技术，专门用于处理语音数据的数字化和终端—终端、终端—主机的数据传送。CBX 通常采用星型拓扑结构，利用双绞线将节点与交换网相连接，也可利用光纤等高速传输媒介将转接单元连接到中央交换单元上。CBX 使用电路交换技术，虽然数据传输速率低，但带宽可以保证；通信中一旦建立通路连接，传输则几乎不存在时延。

(2) 城域网

城域网 (MAN) 的传输距离一般为 50—100 km，是能够覆盖整个城区和城郊范围的计算机通信网 (实质上是能覆盖一个城市的规模很大的局域网)。城域网作为一个骨干网，可将位于同一城市不同地点的主机、数据库及多个局域网互联起来。城域网具有自恢复机制，以保证数据传输的安全。

城域网以光纤为传输媒介进行数据传输，可提供 45～150 Mbit/s 的高速率，能支持数据、语音、图像的综合业务。其拓扑结构采用与局域网类似的总线型或环型，所有联网的设备均通过专门的连接装置与传输媒介相连。

城域网的主要应用：局域网的互联、专用小交换机（PBX）的互联、主机到主机的互联、电视图像传输，以及与广域网的互联。

（3）广域网

广域网（WAN）是在一个广泛的地理范围内所建立的计算机通信网，也称为远程网。其作用范围通常为数十千米到数千千米。互联网（Internet）即为广域网，基础数据网中的 X.25 网、帧中继网及 ATM 网也为广域网。

广域网作为核心网，对通信的要求较高，必须采取适当的措施来提高通信效率和通信资源利用率，以降低通信成本，保证一定的通信质量。同时，还需提高网络控制、维护及管理能力。

广域网由通信子网与资源子网两部分构成。通信子网提供面向连接或者面向无连接的服务，实际上是一个数据网（如专用网或公用网）；资源子网由连在网上的计算机、终端设备及数据库构成，包括硬件、软件和数据资源。

广域网是按照一定的网络体系结构和相应的协议实现的。开放系统互联（OSI）参考模型及相应的一系列标准协议（如 TCP/IP），对广域网的建立、实现和应用起到非常重要的作用。

互联网是一个特定的计算机网络，其通过 IP 协议把各个具体的数据通信子网互联在一起，形成一个逻辑上的互联网络。子网之间的互联设备称为路由器，能实现 IP 分组的选路和转发，并通过各子网传送 IP 分组。在互联网的资源子网上有许多服务器，提供 Web、电子邮件、文件共享、语音聊天等服务。互联网普及的关键因素在于其简单易通的 IP 协议以及丰富而价廉的业务。

2. 按网络服务对象分

若按网络服务对象分类，计算机通信网还可分为公用网和专用网。

（1）公用网

公用网是对全社会开放并提供服务的网络，如 CHINANET 是中国电信

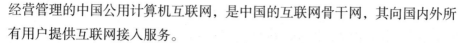

经营管理的中国公用计算机互联网，是中国的互联网骨干网，其向国内外所有用户提供互联网接入服务。

（2）专用网

专用网是某个部门因某个特殊需要而建设的网络设施，如军队、铁路、公安、银行等系统所设有的专用网络。

第二节　数据通信网络

一、基础数据网

基础数据网属通信子网，是由电信部门组建的、运营基础数据业务的公共数据通信网，主要包括 X.25 数据网（分组交换业务）、数字数据网（DDN 业务）、帧中继网、ATM（快速分组交换业务）等。随着各行各业信息化的发展，对基础数据通信业务的需求将不断增加。基础数据传送业务类型主要为永久虚电路（PVC）业务和交换虚电路（SVC）业务，并支持虚拟专用网（VPN）等应用。

（一）分组交换网（X.25 网）

X.25 网是以原 CCITT 的 X.25 协议（公用数据网建议）为基础的分组交换网。X.25 网在数据传输中，信息被分为信息段，每一段都加一信息头而构成信息分组（包），信息头含有收发地址和一些控制信息，在网内以分组为单位进行交换和传输。

1. X.25 网概述

分组交换是为适应计算机通信而发展起来的一种通信手段，其以 CCITT X.25 协议为基础，可以满足不同速率、不同型号的终端与终端、终端与计算机、计算机与计算机间，以及局域网间的通信，实现数据库资源共享。分组交换是按一定规则，把一整份数据报文分割成若干定长的数据段，并给每一个数据段加上收发终端地址及其他控制信息，然后以分组为单位在网内传输。

X.25 网可以在一条电路上同时开放多条虚电路，供多个用户同时使用，网络具有动态路由功能和误码检错功能，性能较佳。X.25 网具有严格流量控制和差错控制措施，保证端到端用户数据传送的可靠性。通过 X.25 网提供的业务称为 X.25 数据传送业务。

X.25 网是为解决专用线和电话网传输数据所存在的问题而开发的，其特点如下：①提高了差错控制，减少了误码，提高了传输质量。②增加了路由控制，增加了通信的可靠性。③增加了流量控制，可实现不同速率终端间的通信。④采用分组交换，可实现分组复用，提高了线路利用率。⑤按数据量而不是按通信时间计费。

在 X.25 网中采用动态统计时分复用方式，线路利用率较高，但通信协议开销较大。

2. X.25 网协议

X.25 网协议为以分组方式工作的终端规定了用户终端（DTE）与分组交换网络（DCE）之间的接口，为终端 DTE 和 DCE 之间建立对话和交换数据提供了规程，其中包括数据传输通路的建立、保持和释放；数据传输的差错控制和流量控制；防止网络发生阻塞的相关规定等。

X.25 协议包含了 3 层，即物理层、数据链路层和分组层，对应于 OSI 参考模型的物理层、数据链路层和网络层，并分别由网络终端和通信网完成这些功能。其中，物理层定义了 DTE 和 DCE 之间的电气接口和建立物理信息传输的过程；数据链路层采用高级数据链路控制规程（HDLC）的帧结构；分组层则利用数据链路层提供的可靠传送能力完成分组。

3. X.25 网的组成

X.25 网的组成为：PS 为分组交换机；NMC 为网络控制中心；PMX 为集中器；PAD 为分组装拆设备；NPT 为非分组终端；PT 为分组终端。另外，还有中继线（64 kbit/s 数字或模拟信道）、用户线等。

X.25 网中各组成部分的功能如下。

（1）分组交换机（PS）

PS 实现分组网的各通信协议，如 X.25 协议等；实现路由选择和流量控制；以虚电路方式实现信息交换；完成局部维护（运行管理、故障诊断与报告、业务统计与计费等）。

（2）分组装拆设备（PAD）

PAD 完成非分组终端（NPT）接入 X.25 网的协议转换，主要包括规程转换功能（NPT 接口与 X.25 协议的相互转换）和数据集中功能。数据集中功能是指 PAD 可将多个终端的数据流组成分组，在 PAD 至交换机之间的中高速线路上复用，并扩充 NPT 接入的端口数。

（3）集中器（PMX）

PMX 完成分组装拆设备（PAD）功能和分组终端（PT）的集中功能，并具有本地交换功能，比分组交换机（PS）结构简单，无路由选择功能。

（4）网络控制中心（NMC）

NMC 实现下列功能：网络结构配置、用户业务管理、故障诊断、网络维护、网络状态显示、信息数据收集与统计和计费管理等。

4. X.25 网业务

X.25 网吸收了电路交换的低时延及报文交换的路由选择自由的优点，能够向用户提供不同速率、代码及通信规程的接入，是一种传输可靠性较高的数据通信方式。

（1）X.25 网的应用场合

①传输速率低、安全性高、可靠性高、允许一定时延的应用。②需要经常与不特定对象通信的用户。③需要与不同类型、不同速率的终端设备通信的用户。④通信量较少且通信时间较分散的用户。⑤需要建立闭合用户群的用户。

X.25 网业务适用于：银行、保险、证券、海关、税务、零售业营业网络的互联；集团公司、企业、事业单位的办公系统的互联；民航、火车站等售票系统的互联；LAN/WAN(局域网 / 广域网) 的互联、不同类型网络的互联。

（2）公用分组交换网业务实现

我国公用分组交换网（CHINAPAC）可以提供下列业务。

基本业务：如交换虚电路和永久虚电路。

任选业务及增值业务：如电子信箱、电子数据交换（EDI），可视图文、传真存储转发和数据库检索等。

公用分组交换业务实现方式有拨号方式和专线方式。

拨号方式：提供 SVC 业务。客户只需在现有电话线路上加上终端设备和调制解调器，以电话拨号方式（X.28 或 X.32）接入分组交换网。

专线方式：提供永久虚电路（PVC）和交换虚电路（SVC）业务。可分为通过数据专线（如 DDN 等）或普通专线（数字专线、模拟专线）接入分组交换网。

随着用户日益增长的带宽和速率需求，我国建于 20 世纪 80 年代的 X.25 网已不相适应。其用户已逐步退网（设备也将开始逐步退网），转向其他速率更高更先进的技术手段。

（二）数字数据网（D DN）

数字数据网（DDN）是利用光纤、数字微波、卫星等数字信道，以传输数据信号为主的数字通信网络，可以提供 2 Mbit/s 及 2 Mbit/s 以内的全透明的数据专线，并承载语音、传真、视频等多种业务。DDN 利用数字信道，向用户提供永久性和半永久性连接电路来传输数据信号，可以满足相对固定用户间的大业务量、时延稳定和实时性的要求。

1. DDN 概述

DDN 主要向用户提供端到端的数字型数据传输信道，既可用于计算机远程通信，也可传送数字传真、数字话音、图像等各种数字化业务。

DDN 具有传输质量高、误码率低、传输时延小、支持多种业务、提供高速数据专线等特点。

DDN 能够提供高质量数字专线，并具有数据信道带宽管理功能。其向用户提供专用的数字数据传输信道，为用户建立专用数据网提供条件。

DDN 所采用的半永久性连接方式介于永久性连接和交换式连接之间。半永久性连接是指 DDN 所提供的信道是非交换型的，用户之间的通信通常是固定的，沿途不进行复杂的软件处理，因此延时较小。可根据需要，在约定的时间内接通所需带宽的线路，信道容量的分配和接续在计算机控制下进行，具有较大的灵活性。

作为数据通信网，DDN 的基本特点如下。

（1）透明的传输网

DDN 本身不受任何协议规程的约束，可以支持数据、语音、图像等多种业务。

（2）同步数据传输网

DDN 不具备交换功能，通过数字交叉连接设备可向用户提供固定的或半永久性信道，并提供多种速率的接入。

（3）传输速率高

DDN 网络时延小，可提供 N×64 kbit/s～2 Mbit/s 的数据业务。

2. DDN 的组成

DDN 是以数字数据传输系统为基础而构成的，其由本地传输系统、复用及交叉连接系统、局间中继传输和网同步系统、网络管理系统组成。

（1）本地传输系统

本地传输系统（用户环路传输系统）是指终端用户至 DDN 本地节点之间的传输子系统。

（2）复用及交叉连接系统

数字交叉连接设备是由计算机控制的复用器和配线架，是不受信令控制的静态交换机，由程序控制形成半永久性连接。

（3）局间中继传输和网同步系统

局间中继传输指 DDN 节点间的数字信道，DDN 的中继速率为 4.8 kbit/s～2 Mbit/s，其中包括 ISDN 的基本速率和基群速率。

DDN 的网同步系统中，国际互联采用准同步方式，国内节点间采用主从同步方式。

（4）网络管理系统

网络管理系统的功能：网络监管和业务配置、监视网络运行、网络维护、故障测量和网络信息收集。

（5）节点类型

按组网功能来划分，数字数据网节点分为 2M 节点、接入节点和用户节点 3 种类型。

①2M 节点。DDN 的骨干节点，负责执行网络业务的转换功能。

②接入节点。为 DDN 各类业务提供接入功能。

③用户节点。为 DDN 用户入网提供接口，并进行必要的协议转换，包括小容量的时分复用设备等。用户节点可以设置在用户处。

3. DDN 应用特点

①DDN 专线提供点到点的通信，保密性强，特别适合金融、证券、保险等客户的需要。②DDN 专线传输质量高，通信速率可根据需要在 $9.6 \sim N \times 64$ kbit/s(N=1～32) 选择，网络时延小。③DDN 专线信道固定分配，保证通信的可靠性，不会受其他客户使用情况的影响。④DDN 网提供灵活的连接方式，电路可以自动迂回，可靠性高。⑤DDN 网为全透明网，支持数据、话音、图像多种业务，对客户通信协议没有要求，客户可自由选择网络设备及协议。⑥DDN 网技术成熟，网络运行管理简便，DDN 将检错等功能放到智能化程度较高的终端来完成，简化了网络运行管理和监控内容，为用户参与网络管理创造了条件。⑦DDN 业务的传输媒介多为普通双绞铜线，覆盖范围广，接入方便。

4. DDN 业务

DDN 主要为用户提供专用电路，包括规定速率的点到点（或点到多点）的数字专用电路和特定要求的专用电路。

（1）DDN 的主要业务

①为分组交换网、公用计算机互联网等提供中继电路。②专用电路业务（如金融证券、教育、政府等部门租用专线组建专用网）。③帧中继业务，用户可以配置多条虚链接。④压缩语音／传真业务。⑤提供虚拟专用网业务。

（2）DDN 的用户入网方式

用户终端设备接入方式。例如，采用调制解调器（Modem）接入 DDN，通过 DDN 提供的远端数据终端设备接入 DDN，通过用户集中器接入 DDN 的 2 Mbit/s 端口，通过模拟电路直接接入 DDN 音频接口等。

用户网络通过 DDN 互联。例如，局域网通过路由器利用 DDN 互联，分组交换机通过 DDN 互联，专用 DDN 通过公用 DDN 互联，用户交换机通过 DDN 互联等。

（三）帧中继（FR）

帧中继（FR）技术是在分组技术充分发展，数字与光纤传输线路逐渐替代已有的模拟线路，用户终端日益智能化的条件下发展起来的。帧中继网采用快速分组交换技术，具有网络吞吐量高、传送时延低、适于突发性业务，以及灵活、经济、可靠的特点，是一种解决高带宽的组网形式，适用于局域网互联。

1. 帧中继概述

帧中继属于快速分组交换（FPS），其基本思想是尽量简化协议，克服分组交换协议处理复杂的缺点，只具有数据链路层核心的网络功能（如帧的定界、同步、传输差错检测等)，而将流量控制、纠错等留给智能终端去完成，有效利用了高速数字传输信道，以提供高速、高吞吐量和低时延的服务。

帧中继仅完成数据链路层、核心层的功能，而将流量控制、纠错等留给智能终端去完成，大大简化了节点机之间的协议；同时，帧中继采用虚电路技术，能充分利用网络资源，因而帧中继具有吞吐量高、延迟低、费用低和适用于突发性业务等特点。

帧中继成本较低，但也存在一些缺点，如速率受限制、可变长度的帧将会产生不受用户控制的可变时延，故不适宜发送对时延敏感的数据（如实时音频或视频)。

2. 帧中继的技术特点

帧中继和分组交换类似，其以比分组容量大的帧为传送单位，而不是以分组为单位进行数据传输；帧中继技术在保持了分组交换技术的灵活及较低的费用的同时，缩短了传输时延，提高了传输速率。因此，帧中继成为实现局域网（LAN）互联、局域网与广域网（WAN）连接等应用的理想解决方案。帧中继的技术特点如下。

（1）高效

帧中继在 OSI 参考模型的第二层以简化的方式传送数据，仅完成物理层和数据链路层核心层的功能，简化节点机之间的处理过程，智能化的终端设备把数据发送到数据链路层，并封装在帧的结构中，实施以帧为单位的信息传送，网络不进行纠错、重发、流量控制等，帧不需要确认，即能在每台交换机中直接通过。在帧中继中纠错和流量控制由智能终端实现，大大简化了节点机之间的协议，降低了数据传输延迟。

（2）经济

帧中继在采用统计复用技术（带宽按需分配）向客户提供共享的网络资

源，每条线路和网络端口都可由多个终端按信息流共享。由于帧中继简化了节点之间的协议处理，将更多的带宽留给客户数据，因此客户不仅可使用预定的带宽，在网络资源富裕时，还允许客户数据突发占用高于预定的带宽。帧中继充分利用了全网资源，适合于传送突发性数据。

（3）可靠

帧中继传输质量好，保证网络传输不容易出错，网络为保证自身的可靠性，采取了 PVC 管理和拥塞管理，客户智能化终端和交换机可以清楚地了解网络的运行情况，不向发生拥塞和已删除的 PVC 上发送数据，以避免造成信息丢失，保证网络品质。

（4）灵活

帧中继协议简单，利用现有数据网上的硬件设备稍加修改，同时进行软件升级即可实现，操作简单、实现灵活，并对高层协议保持透明，众多路由器厂商支持帧中继 UNI（用户—网络接口）协议，客户便于接入。

3. 帧中继应用特点

（1）一点对多点数据通信

帧中继的高效性使用户可以享有较好的经济性。帧中继可以应用于银行、大型企业、政府部门的总部与各地分支机构的局域网之间的互联，其用户带宽为 64 kbit/s ~ 2 Mbit/s。

（2）突发性数据处理

帧中继具有动态分配带宽的功能，当数据业务量为突发性时可进行有效处理。帧中继在远程医疗、金融机构及 CAD/CAM（计算机辅助设计 / 计算机辅助生产）的文件传输、计算机图像、图表查询等业务方面有着较佳的适用性。

（3）长距离通信

帧中继的高效性使用户可以享有较好的经济性，当通信距离较长时，应优选帧中继。

例如，通过帧中继技术可完成企业总部与各办事处及公司分部的局域网的互联，从而实现公司内部数据传送、企业邮件服务、话音服务等，适合有突发信息要求的用户使用；并可通过连接互联网来实现电子商务等应用。

目前的路由器都支持帧中继协议，帧中继可承载流行的 IP 业务，IP 加帧中继已成了广域网应用的较佳选择。随着 IP 技术和多媒体业务的发展，作为基础数据网技术的帧中继技术将得到越来越多的应用。

4. 帧中继业务

帧中继网作为 X.25 网的中继网（骨干网），大大提高了 X.25 网的网络吞吐能力，降低了网络时延。

帧中继业务是提供双向业务数据单元传送并保持其顺序不变的一种承载业务，业务数据通过数据链路层的信息段来传送。中国公用帧中继网（CHINAFRN）是为适应数据通信要求，面向公众数据通信而建立的经济有效的公用帧中继网。CHINAFRN 分为国家骨干网、省内网和本地网。

（1）帧中继的基本业务

帧中继业务包括基本业务和用户可选业务。其中，基本业务包括永久虚电路（PVC）业务和交换虚电路（SVC）业务。

永久虚电路是指在帧中继用户终端之间建立固定的虚电路连接，并在其上提供数据传送业务。

交换虚电路是指在两个帧中继用户之间通过呼叫建立虚电路，网络在已建立的虚电路上提供数据信息传送服务，用户终端通过呼叫清除操作来终止虚电路。

（2）帧中继业务的主要应用

帧中继业务发展迅速，特别适合当前计算机通信的需求，主要应用如下。

局域网（LAN）互联是帧中继业务的最典型的应用。帧中继可为要求互联的局域网用户提供高速率、低时延、适合突发性数据传送的信道。通过帧中继网，一个 LAN 只需一个物理端口和相应线路就可与多个远端的 LAN 互联，不仅可大大节省租用电路和端口的费用，还可满足自身突发性业务的需要。

虚拟专用网（VPN）是由帧中继网的部分网络资源构成一个相对独立的逻辑分区，分区内用户可共享分区的网络资源，在分区内设置相对独立的网管机构，分区网络资源的管理也相对独立于整个帧中继网。

除了提供以上两种典型应用外，帧中继还可提供高吞吐量、低时延的数据传送业务，如高分辨率图形数据的数据传送业务、IP 电话业务等。

（3）帧中继网的用户接入方式

局域网（LAN）接入方式：LAN 通过路由器或网桥接入 CHINAFRN。

终端接入方式：帧中继、ATM 型终端可直接接入 CHINAFRN。

专用帧中继网接入：用户专用帧中继网中的交换机通过 FR 用户网络接口（UNI）直接接入 CHINAFRN。

帧中继网的用户接入电路包括专线接入、DDN 专线接入 JSDN 网接入等。

（4）公用帧中继网与其他数据网的关系

①公用帧中继网作为中继传输网时，除提供用户接入业务外，还可为其他数据网提供中继传输。②公用帧中继网可将分组交换网、数字数据网（DDN）作为其接入网。③公用帧中继网作为中国公用计算机互联网（CHINANET）的接入网。

（四）异步传送模式（ATM）

异步传送模式（ATM）技术是一种简化的面向连接的、在光纤大容量传输媒介环境下新的高速分组传送方式，是一种集电路传送和分组传送两种优点于一体的传输方式。其主要特点是通过统计复用方式，对任何形式的业务分布都能达到最佳的网络资源利用率。

ATM 是一种用于宽带网内传输、复用和交换信元的技术，可以适用于任何业务，不论其特性（速率高低、突发性大小、质量和实时性要求）如何，网络都按同样的模式来处理，实现了完全的业务综合。ATM 可以支持高质量的语音、图像和高速数据业务。

1. ATM 的信元结构

在 ATM 网中，信息被拆开后形成固定长度的信元，由 ATM 交换机对信元进行处理，实现交换和传送功能。信元是 ATM 特有的分组。所有的数据信息（语音、数据、视频等）都被分成长度一定的数据分组。ATM 采用异步时分复用方式将来自不同信息源的信元汇集到一起，在一个缓冲器内排队，然后按"先进先出"的原则将队列中的信元逐个输出，从而在传输线路上形成首尾相接的信元流。

ATM 信元共有 53 个字节。前面 5 个字节为信头，用以表征信元去向的逻辑地址、优先等级等控制信息，网络根据信头中的地址标志来选择信元的输出端口转移信元。后面 48 个字节为信息字段，用来承载来自不同用户、不同业务的信息。

任何业务的信息都经过分割，封装成同一格式的信元。包含某一段信息的信元的再现，取决于该段信息所要求的比特率。

ATM 采用固定长度的信元，可使信元像同步时分复用中的时隙一样定时出现。ATM 可以采用硬件方式高速地对信头进行识别和交换处理，从而具有电路传送方式的特点，为提供固定比特率和固定时延的电信业务创造了条件。

2. ATM 的网络结构

用 ATM 构成的网络，采用光传输、电交换的形式。ATM 以光纤线路为传输媒介，信道容量大，传输损失小。

ATM 传输实质上是一种高速分组传送。来自不同信息源（不同业务和不同发源地）的信元汇集到一起，在一个缓冲器内排队；在队列中，信元按输出次序复用在传输线路上。具有同样标志的信元，在传输线上并不对应某个固定时隙，也不按周期出现，即信息与其在时域中的位置无关，信息只按信头中标记区分。

ATM 是一种面向连接的通信方式，在网络中设置两个层次的虚连接，即虚通道 VP 和虚通路 VC；在每个信元的信头中含有虚通道标识符/虚通路标识符（VPI/VCI）作为地址标志，信元将沿着呼叫建立时确定的虚连接传送。

二、以太网

以太网（Ethernet）是目前应用最广泛的局域网（LAN），在实际应用的计算机网络系统中约占 80% 份额。由于以太网带宽和网络性能大大提高、新协议和新标准的出现，以及光纤通信技术的飞速发展，使得以太网技术愈加成熟和实用。

(一) 以太网概述

以太网是一种共享媒介的数据网，采用随机访问控制方式，结构简单，性价比高。目前，以太网从共享型发展到交换型，实现了全双工技术，使整个以太网系统的带宽成百倍增长，并保持足够的系统覆盖范围。以太网正以其高性能、低价格、使用方便的特点继续发展。

1. 媒介访问控制方式

以太网的媒介访问控制方式是以太网的核心技术，决定了以太网的主要网络性质。传统以太网与前述的基础数据网（交换式数据网）有着很大的差别，其核心思想是利用共享的公共传输媒介。

在公共总线型或树型拓扑结构的局域网上，通常使用带冲突检测的载波侦听多路访问技术（CSMA/CD）。CSMA/CD 又可称为随机访问或争用媒体技术，其讨论网络上多个站点如何共享一个广播型的公共传输媒体问题。由于网络上每一站的发送都是随机的，不存在用任何控制来确定该轮到哪一站发送，故网上所有站都在时间上对媒体进行争用。

CSMA/CD 的基本原理：欲发送信息的工作站，首先要监听媒体，以确定是否有其他的站正在传送；若媒体空闲，该工作站则可发送。在同一时刻，经常发生两个或多个工作站都欲传输信息的情况，这样会引起冲突，双方传输的数据将受到破坏，导致网络无法正常工作。为此，当工作站发送信息后的一段时间内仍无确认，则假定为发生冲突并且重传，因此需要争用。

为了解决上述问题，CSMA/CD 采用了监听算法和冲突监测。为减少同时抢占信道，监听算法使得监听站都后退一段时间再监听，以避免冲突。该方法不能完全避免冲突，但通过优化设计可把冲突概率降至最低。冲突检测的原理是在发送期间同时接收，并把接收的数据与站中存储的数据进行比较，若结果相同，表示无冲突，可继续；若结果不同，说明有冲突，立即停止发送，并发送一个简短的干扰信号令所有站都停止发送，等待一段随机长的时间重新监听，再尝试发送。

2. 协议结构

以太网体系结构以局域网的 IEEE 802 参考模型为基础。该模型与 OSI 的区别：局域网用带地址的帧来传送数据，不存在中间交换，故不要求路由选择，所以不需要网络层；在局域网中只保留了物理层和数据链路层，其中数据链路层分为两个子层，即媒体接入控制子层（MAC）和逻辑链路控制子层（LLC）。

MAC 子层负责媒体访问控制，以太网采用适于突发式业务的竞争方式。

LLC 子层负责没有中间交换节点的两个站点之间的数据帧的传输。其不同于传统的数据链路层，即不仅要有差错控制、流量控制，还需有复用、提供无连接的服务或面向连接的服务等功能。

在以太网的寻址问题中，MAC 地址标识局域网上的一个站地址，即计算机硬件地址（网络上的物理连接点）；LLC 地址则标识一个 LLC 用户（LLC 子层上的服务访问点 SAP），即进程在某一主机中的地址。

3. 以太网系统基本结构

在早期由双绞线连接的 10Base-T（IEEE 802.3i）以太网中，采用基带传输方式，其传输速率为 10 Mbit/s，T 表示用双绞线连接，传输距离限制为 100 m。

在 10Base-T 以太网中，定义了星型拓扑结构，有一组站点和一个中心节点（集线器，即多端口转发器），以太网系统则由集线器（HUB）、双绞线和网卡组成。每个站点通过一对双绞线连接到集线器，集线器的主要功能是媒体上信号的再生和定时，检测冲突并扩展端口。置于计算机中的网卡功能则分别由网卡内编码 / 译码模块和收发器实现，收发器向媒介发送或从媒介接收信号，并识别媒介是否存在信号和识别冲突。10Base-T 以太网系统以其价格低廉、安装维护方便、性能高且扩展性好等特点成为局域网技术的热点，并对整个局域网技术的发展有很大的影响。

（二）以太网的互联

将以太网连接起来有两个原因，一是扩展网络的地理覆盖范围；二是通过网络互联来划分业务负载。连接以太网的设备包括中继器、网桥、路由器、网关和信道业务单元 / 数据业务单元（CSU/DSU）。

1. 中继器

最简单的网络连接设备为转发器，用于两个网络物理层的连接，以增加其网段的有效长度。转发器不具有过滤功能，只是对所连接的网段进行信息流的简单复制，在 OSI 的第一层实现局域网的连接。转发器为物理层中继系统。

信号在网络媒介上传输时，将会随距离的增加而减弱。中继器从一个网络段上接收到信号后，将其放大并重新定时后传送到另一个网络，这样可防止由于电缆过长和连接设备过多而造成的信号丢失和衰减。

中继器用于连接网络之间的媒介部分，将若干段电缆作为一段独立的电缆对待，连接以太网的几段可以扩展网络。中继器接收输入端口的业务，然后在输出端口重传。集线器（HUB）是一个具有多个输出端口的中继器。中继器工作在 OSI 参考模型的物理层。

2. 网桥

网桥（又称为桥接器）具有过滤功能，能对输入的数据帧进行分析，并根据信宿的媒介访问地址（MAC 地址）来决定数据的传送；网桥还具有高协议的透明性，适合广域网的连接。网桥为数据链路层中继系统。

网桥常被称为 MAC 层的转发器，它是处于比路由器更低层的无连接操作方式。网桥方式假定所有网络在连接层使用相同的协议。网桥用以将同构网络的不同部分连接起来，其工作在数据链路层。网桥基于帧的目的地址转发帧，可以控制数据流量和检测传输错误。

每个网桥都保留着网络上与其直接相连的设备的硬件地址，网桥检查信息帧的硬件目的地址，并且根据自己的硬件地址表决定是否向前传送帧。如果需要传送，则产生新的帧。

网桥的功能是分析输入帧的目的地址，基于站的位置作转发决定。

3. 路由器

路由器是一种主要的网络节点设备（其实就是一台专用计算机），工作在 OSI 参考模型的网络层，具有互联多个子网、网络地址判断、最佳路由选择、数据处理和网络管理功能；可提供不同网络类型、不同速率的链路或子网接口。路由器为网络层中继系统，将为从一个以太网到另一个以太网的帧选择路由。路由器必须识别连接到路由器的以太网各段的网络层以选择路由。识别多个网络层的路由器称为多点协议路由器。

路由器的主要功能是决定最佳的数据传输路径，信息沿着该路径传输。路由器的另一个功能是帧的类型转换。路由器分为静态路由器和动态路由器。对于静态路由器，路由表通过网络管理员，由人工决定路由；对于动态路由器，其自动建立和刷新路由表，并可与网络的下一个路由器交换信息。

4. 网关

网关又称为网间连接器或信关。网关用于连接具有不同工作协议的主机设备，能通过在各种不同协议间的转换，实现网络间的互联。网关只需注意在某一高层的协议相同，而不必关注低层的协议；若高层协议不同则需进行协议的转换。网关是在网络层以上的中继系统。

5. 信道业务单元/数据业务单元（CSU/DSU）

从以太网到广域网，帧格式和信号类型都不同，CSU/DSU 可以完成帧格式和信号类型的转换。CSU/DSU 用于将以太网连接到广域网。例如，办公室以太网通过路由器连接起来，而路由器通过通信链路连接到帧中继网络。

三、IP 网络

IP 网络一般指互联网（Internet）的承载网，其以 TCP/IP 协议的开放性将各种不同的网络连接成一个互联网，使其融合为一个全球性的信息网络。近年来，IP 技术在网络结构、传输能力以及业务开拓上都取得了巨大的进展。

（一）TCP/IP 协议

TCP/IP（传输控制协议/互联协议）是当今计算机网络应用最广泛的互联技术，其拥有一套完整而系统的协议标准。TCP/IP 已成为全球用户和厂商所接受的应用广泛的工业标准。互联网是基于 TCP/IP 互联的计算机网络。

1. TCP/IP 协议分层结构

目前，TCP/IP 已成为一种得到广泛应用的事实上的互联网国际标准。其泛指以 TCP 和 IP 为基础的一组协议（而不是单指 TCP 和 IP 两个协议），具有高可靠性、安全性、灵活性和互操作性的特点。

2. TCP/IP 模型各层功能

（1）网络接口层

网络接口层与 OSI 参考模型中的物理层和数据链路层以及网络层的部分功能相对应，负责接收从 IP 层交来的 IP 数据报，并将 IP 数据报通过底层网络（能够支持 TCP/IP 高层协议的物理网络，如以太网、高速局域网、X.25 网、ATM 等）发送出去，或从底层物理网络上接收数据帧，抽出 IP 数据报交给网际层。该层所使用的协议为各通信子网本身固有的协议。网络接口有两种类型：设备驱动程序（如局域网的网络接口）以及含自身数据链路协议的复杂子系统（如 X.25 网中的网络接口）。

（2）网际层

网际层作为通信子网的最高层，负责相邻节点之间分组数据报的传送，提供面向无连接的不可靠传输服务。TCP/IP 协议提出了协议端口（简称端口）的概念，用于标识通信的进程。端口是操作系统可分配的一种资源。

IP 协议规定了统一的 IP 数据报格式，以消除各通信子网的差异，所以采用不同物理技术的网络也可在网际层上达到统一。

网际层主要协议是无连接的 IP 协议。与其配合使用的协议有互联网控制报文协议（ICMP）、地址解析协议（ARP）、反向地址解析协议（RARP）等。

网际层把传输层送来的消息封装成 IP 数据报，并使用路由算法来选择是直接把数据发送到目的地还是先交给中间路由器，然后交给下层（网络接口层）去发送；同样，该层对接收到的 IP 数据报还要进行类似的处理，包括检验其正确性，使用路由算法来决定对 IP 数据报是向下一站转发或交给本机的上层协议去处理。

（3）传输层

在 TCP/IP 网络体系结构中，传输层的作用与 OSI 参考模型中传输层的作用相同，即在不可靠的互联网络上，实现可靠的端到端字节流的传输服务，以提高网络层提供的服务质量（QoS）。传输层提供了传输控制协议（TCP）和用户数据报协议（UDP）。

TCP 协议是一个面向连接的数据传输协议，向服务用户（应用进程）提供可靠的、全双工字节流的虚电路服务。TCP 协议可自动纠正各种差错，并支持许多高层协议，是目前广泛使用的一种数据传输协议。

UDP 是无连接的数据传输协议，向服务用户提供不可靠的数据报服务，其将可靠性问题交给应用程序解决。UDP 是对 IP 协议集的扩充（依赖于 IP 协议传送报文），所提供的服务可能会出现报文的丢失、重复及失序等现象。但 UDP 协议是一种简单的协议机制，通信开销小，效率比较高，适合于面向请求/应答式的交互型应用，也可应用于那些对可靠性要求不高，但要求网络的延迟较小的场合，如语音和视频数据的传送。

（4）应用层

应用层是面向用户的协议层，根据不同的应用场合，其对网络的需求也各有差异。

早期的应用层协议有远程登录协议（Telnet）、文件传输协议（FTP）和简单邮件传输协议（SMTP）等。

新的应用层协议包括：用于将网络中主机名映射成 IP 网络地址的域名服务（DNS）协议、用于网络新闻的传输协议（NNTP），以及用于从互联网上读取页面信息的超文本传输协议（HTTP）等。

在互联网所使用的各种协议中，最重要的协议是传输控制协议（TCP）、用户数据报协议（UDP）和网际协议（IP）。

(二) IP 网络基本原理

TCP/IP 协议采用了一种全网通用的地址格式，为全网的每一个网络和每一台主机都分配一个网络地址，该地址称为 IP 地址。互联网是在 IP 层用路由器互联的网络，在 IP 网上给每一台主机分配一个在全球范围内的唯一的 32 位 IP 地址（逻辑地址）。1P 网用 IP 地址寻址并传送数据。为了提高 IP 地址的使用效率，可将 IP 网划分成许多子网，并使用子网掩码来表示。掩码为 32 位，其中的 1 和 0 分别用于识别 IP 地址中的网络部分和主机部分。

IP 网采用无连接的数据报方式传送数据，而路由器作为 IP 网的节点对数据报进行转发和过滤，路由器根据 IP 地址采用查找路由表的方法将一个包从一个网转发到另一个网。

1. IP 地址与域名

为了在网络环境下实现计算机之间的通信，网络中任何一台计算机必须有一个地址，而且该地址在网络上是唯一的。用这个地址可以在这个网络中唯一地标识出这台计算机。在进行数据传输时，通信协议必须在所传输的数据中增加发送信息的计算机地址（源地址）和接收信息的计算机地址（目标地址）。

（1）IP 地址

互联网中为每台计算机分配了一个唯一识别的地址（IP 地址）。IP 地址是互联网主机的一种数字型标识，由网络标识（Net ID）和主机标识（Host ID）组成。

目前，使用的互联网网际层协议 IP 协议版本（IPv4）的规定：IP 地址的长度为 32 位。整个互联网的地址空间可以分为 A 类、B 类和 C 类网络地址 3 个子空间。

A 类网络：地址空间包括 126 个网络地址，每个 A 类网络中最多可以有 16387064 台主机。A 类网络适用于主机较多的大型网络。

B 类网络：地址空间包括 16256 个网络地址，每个 B 类网络中最多可以有 64516 台主机。B 类网络适用于中等规模网络。

C 类网络：地址空间包括 2064512 个网络地址，每个 C 类网络中最多可以有 254 台主机。C 类网络适用于主机较少的小型网络。

整个互联网的 IP 地址空间包括 200 多万个各类网络，最多可包括 36 亿台主机。目前，所出现的 IP 地址不够用的现象，一是由于 IP 地址被大量分配；二是许多地址已分配给申请者而并未得到充分利用。因此，必须注意合理使用地址资源的问题。

（2）域名

IP 地址是一种数字型标识，不便于记忆，因而提出了字符型的域名标识。目前，互联网上使用的域名是一种层次型命名法，其与互联网的层次结构相对应。域名使用的字符包括字母、数字和连字符，而且必须以字母或数字开头和结尾。整个域名总长度不得超过 255 个字符。在实际使用中，每个域名的长度一般小于 8 个字符。

一台计算机可有多个域名（用于不同的目的），但只能有一个 IP 地址。一台主机从一个地方移到另一个地方，当它属于不同的网络时，其 IP 地址必须更换，但可保留原域名。

域名采用层次结构，每一层构成一个子域名，子域名之间用圆点隔开，自左至右分别为计算机名、网络名、机构名、最高域名。例如，www.tsinghua.edu.cn，该域名表示中国（cn）教育科研单位（edu）清华大学（tsinghua）的一台 Web 服务器（www）。

（3）地址解析与域名解析

IP 地址是主机在抽象的网络层中的地址，不能直接在数据链路层寻址，故不能直接用来通信。若要将网络层中传送的 IP 数据报交给目的主机，还需要传送到数据链路层转换为帧后才能发送到实际的网络上。将 IP 报转换为物理地址（或 MAC 地址）的过程称为地址解析。地址解析采用的具体方法因底层网络的不同而异，当数据链路层为以太网时，互联网采用的地址解析协议是 ARP 协议。

用户一般使用易记忆的主机名（域名），故需要在主机域名和IP地址之间进行转换，该转换过程称为域名解析。将域名翻译成IP地址的软件称为域名系统（DNS）。DNS的功能相当于一本电话号码簿，已知姓名即可查到电话号码，号码的查找自动完成。完整的域名系统可以双向查找，即可完成域名和IP地址的双向映射。装有域名系统的主机称为域名服务器。域名系统一般设计为一个联机分布式数据库，采用分布式的层次结构的命名树作为主机的域名。由于系统是分布式的，因此即使单台计算机出现故障，也不会妨碍整个系统的正常运行。

2.IP网络服务的特点

（1）不可靠的服务

不能保证投递，分组可能丢失、重复、延迟或不按序投递，服务不检测分组是否正确投递，也不提醒收发双方。

（2）无连接的服务

每个分组独立选路，乱序到达。

（3）尽力投递的服务

互联网软件并不随意放弃分组，只有当资源用尽或底层网络出现故障时才可能出现不可靠性。

（4）设施灵活

可处理各种网络（其中某网络本身就是无连接的），对网络成员要求很少。

（5）服务完善

由于使用无连接的数据报传递方式，若一个节点出现故障，其后的分组可寻找替换路由以绕过该节点。

3.IP数据报的封装与转发

（1）虚拟数据报

由于路由器需要连接异构物理网络，而不同类型（异构）的物理网络的帧格式有可能不同。为了克服异构性，IP协议定义了一种虚拟的通用数据报，其独立于底层硬件，该数据报可以无损地在底层硬件中传输。

（2）封装

当主机或路由器处理一个数据报时，IP软件首先选择数据报发往的下一站，然后通过物理网络将数据报传给下一站。因网络硬件不了解 IP 数据报的格式和互联网的寻址，故此时底层物理网络通过底层封装来传送 IP 数据报。其过程：将 IP 数据报封装入物理网络帧的数据区内；发送方与接收方在帧的类型域中的值达成一致，以标识该帧的数据区为一个 IP 数据报；将下一站的 IP 地址解析成物理地址，填入帧头的目的地址域。

在通过互联网的整个过程中，帧头未累加，只有在 IP 数据报要通过一个物理网络时才进行底层封装，封装后的帧携带 IP 数据报通过物理网络到达下一站（路由器或主机）后，从帧中取出数据报同时丢弃帧头，选路并重新封装到一个输出帧。

（3）IP 数据报的转发过程

路由选择（选路）指选择一条路径发送数据报的过程，可分为直接投递和间接投递。

直接投递指在一个物理网络上，数据报从一台计算机直接传送到另一台计算机上，仅当两台计算机连到同一底层物理传输系统时才能进行直接投递。它有两种情况：源站点与目的站点在同一个物理网络上；在数据报从源站点到目的站点路径的最后一台路由器上（该路由器与目的站点在同一物理网络上）。故最后一台路由器使用直接投递来投递数据报。

间接投递指当目的网点不在一个直接连接的网络上时进行的投递，发送方必须把数据报发给一台路由器才能完成投递。

在路由器中主要包括两项基本内容：目的网络地址和下一跳地址。路由器根据目的网络地址来确定下一跳路由器，可将整个 IP 数据报的转发过程分为间接交付过程和直接交付过程。

间接交付过程：IP 数据报由目的地址设法找到目的主机所在网络上的路由器。

直接交付过程：目的网络上的路由器将 IP 数据报传送到目的主机。

在多数情况下，互联网是基于目的主机所在网络的路由，但也支持特定主机路由（指对特定的目的主机指明一个路由）。

路由器还可采用默认路由，IP 选路软件首先在选路表中查找目的网络，若表中无匹配的路由项，则把数据报发送到一台默认路由器上。

第三节 网络通信的信息安全

一、网络信息安全的基本概念

计算机通信网在存储和传输过程中具有资源共享的特点,但其信息资源也会被盗用、破坏或篡改。网络所具有的广泛地域性和协议开放性决定了计算机通信网络易受攻击。另外,由于计算机系统本身不完善,使得用户设备在网上工作时容易受到来自各方面的攻击。因此,在开放的计算机通信网环境中,对信息资源的安全保护具有重要意义。

(一) 网络安全机制

计算机通信网的安全性包括保密性、安全协议的设计和接收控制。

保密性是计算机通信网安全最重要的内容,协议安全性是网络安全的另一方面,接收控制 (或访问控制) 是对接入网的权限加以控制,即规定每个用户的接入权限。

国际标准化组织 (ISO) 在 OSI 安全体系结构中提出的安全机制,提供了实现安全服务的手段,并增设了安全服务、安全机制和安全管理的内容描述。

1. 安全服务

安全服务可能包含在体系结构中,也可能包含在体系结构的服务和协议实现中。针对网络系统受到的威胁,OSI 安全体系结构提出了 6 类安全服务。

(1) 对等实体鉴权服务

表现在两个开放同等层中的实体建立连接和数据传输阶段,为提供对连接实体身份鉴别而规定的一种服务。

(2) 访问控制

访问控制是为防止未授权用户非法使用资源系统而设置的安全措施之一。

(3) 数据保密

数据保密是指网络中各系统之间交换数据时,为防止因数据被截获而造成信息泄密而采取的安全措施，包括连接保密、无连接保密、选择字段保密和信息流保密等手段。

（4）数据完整性

数据完整性是为了防止非法实体对正常交换的数据进行修改、插入，以及在交换过程中丢失数据而采取的有效措施。

（5）数据源点鉴别

数据源点鉴别是对数据来源的证明，也是层向层提供的服务。通过数据源点鉴别，是确保数据由合法实体发出而采取的有效措施。

（6）禁止否认

用以禁止数据发送方发出数据后又否认曾发送，或接收者收到数据后又否认曾接收。

2. 安全机制

安全机制实现各种安全服务，可以根据具体的应用环境，将数种安全机制结合在一起，以达到安全保护的目的。ISO 建议采用下列 8 种安全机制。

（1）加密机制

是一种最基本的安全机制，用来防止信息被非法获取。可以单独使用，更多的使用场合是与其他机制结合使用。这是一种在网络环境中对抗被动攻击而行之有效的安全机制。

（2）数据签名机制

引入签名技术，能防止网上用户否认、伪造、篡改和冒充等问题的出现。签名者利用"秘密密钥"对需要签名的数据作加密运算，验证者利用签名者的"公开密钥"对签名数据作解密运算，仲裁机构也可根据消息上的数字签名来裁定该消息是否由发送方发出。

（3）访问控制机制

可按照事先约定的有效规则，确定网上主体对客体访问是否合法。该机制以访问控制数据库、口令安全标记和能力表为应用基础。

（4）数据完整性机制

包括数据单元的完整性和数据单元序列的完整性。保证方法：发送实体在数据单元上加一个标记，该标记是数据本身的函数（或密码校验函数），其本身经过加密；接收实体产生一个对应标记，并将该标记与所收标记相比较，以确定数据单元在传输过程中是否被修改过。数据单元序列的完整性则是要求数据编号的连续性和时间标记的正确性。

（5）鉴权交换机制

以交换信息的方式来确认实体身份的机制，采用的手段有口令、安全协议、密码技术、应用实体的特征或所有权。

（6）业务流量填充机制

主要是对抗非法者在线监听数据，并对其进行流量和流向分析。基本方法是在无信息传输时，连续发送伪随机序列，以混淆有用和无用信息。

（7）路由控制机制

可使信息发送者选择特殊的路由申请，绕过不安全的线路，以保证数据的安全。

（8）公证机制

提供公证服务的机构，仲裁所出现的问题。通信双方必须直接或间接经过公证机制来交换数据信息，以供在特殊情况发生时的仲裁之用。

3. 安全管理

安全管理主要是实施一系列安全策略，对于通信安全服务以外的操作进行管理。主要包括：①鉴别管理。②访问控制管理。③密钥管理。定期产生与安全等级相对应的密钥，是非常重要的一个环节；根据访问控制要求，确定哪些实体可以接收密钥副本；在实际开放系统中，以秘密方式把密钥分配到各实体。④安全审计跟踪。包括远程事件收集报告，以及是否允许对所选事件进行审计跟踪等。

（二）网络安全面临的威胁

在实际应用中，尽管对通信过程采取了各方面的安全控制，但计算机通信网还存在诸多安全方面的威胁，必须引起高度重视。例如，信息的泄露、识别（猜疑）、假冒、篡改和恶意攻击（如计算机病毒传播、通过向网络注入破坏性病毒实施攻击）等。

对计算机通信网安全的威胁一般可以分为被动攻击和主动攻击两类。

被动攻击是攻击信息的保密性，但并不修改信息的内容。常用的攻击手段包括搭线窃听、利用电磁泄漏和利用信息流分析。

主动攻击是攻击信息传输的真实性、数据完整性和系统服务的可用性，即通过修改、销毁、替代或伪造网络上传输的数据，以欺骗接收方，并作出对攻击者自身有利的操作。常用的攻击手段包括假冒攻击、破坏数据的完整性、非法登录、非授权访问和抵赖（来自合法用户）等。

（三）计算机通信网安全措施

计算机通信网有多种安全措施，其中最常用的是利用密码学机制来完成网络与信息的安全及防护。

1. 常用的加密体制

①常规密钥密码体制。②数据加密标准体制。③公开密钥密码体制。

2. 计算机通信网安全的策略

通常有两种不同的加密策略，即端到端加密和链路加密。

端到端加密的方法是在网中每对端点都有一对安全设备，用于对网上每一条虚电路信息进行安全保护。数据不但在传输过程中受到保护，而且在网内的中继节点上也受到保护，数据保密性由收发双方来保证。端到端的加密方法易实现，可以既不改变用户通信程序，也不改变原有网的运行方式，并独立于用户设备；可将安全设备置于用户设备和公用分组交换网之间；可防止合法用户的非法操作；系统安全功能对用户安全透明。

链路加密是对网中每一条链路上传输的信息都进行安全保护，独立实现对每条链路的加密。为了获得更好的安全性，可以将链路加密的方法与端到端加密的方法结合使用。

3. 协议识别技术

在当今高速大容量的互联网环境中，内容安全是网络安全的重要组成部分。对于网络管理来说，最重要的就是识别和区分网络流量，通过协议识别可以对网络进行流量控制、网络计费、内容过滤，以及流量管理。

协议识别技术的出现和发展给电信运营商提供了一种全新的网络监测和控制手段，可实现对网络流量的业务细分，并可对不同用户、业务流量进行区别化的控制和管理。协议识别技术推动了网络智能化的深入，并有利于未来实现对互联网的精细化运营。

二、网络信息安全的关键技术

(一) 加密技术

鉴于数字信息已经成为信息存储和传播的主要方式,因而有必要对数字信息进行加密处理,经过加密的数据即便被非法获得也很难还原出真实的数据。常用的加密技术有对称加密技术、公钥加密技术、混沌加密技术等。

1. 对称加密技术

对称加密技术采用单钥密码体制,也就是其用于对数据进行加密和解密的密钥相同。其优点在于加密速度快,易于实现,适合短距离用户间少量数据传输,一旦用户过多且用户分布过于扩散,则很容易在数据传输过程中被破解,不利于保护数据的安全。典型对称加密算法有 DES 算法及其改进算法等。

2. 公钥加密技术

该技术的加密密钥和解密密钥不同,公钥是开放的、可获取的,但是获取了公钥并不代表获取了加密数据的真实报文,还需要用户端持有的私钥才能够实现数据的解密。该算法适应网络数据传输的开放性要求,但是可以获得相较于对称加密技术更安全的信息保护效果。实际应用中,人们常常将对称加密技术和公钥加密技术结合使用来提高信息的安全性能。对称加密算法主要用于对大数据进行加密,公钥加密算法则主要用于对传递密钥等进行加密,这种加密方式可以有效提高加密效率,简化用户对密钥的管理。经典的公钥加密算法有 SRA 算法,Diffie-Hellman 密钥交换算法等。

3. 混沌加密技术

该技术是一种基于混沌理论发展起来的新型加密算法。该算法将混沌系统具有的伪随机特性应用到加密算法中,使得加密数据和密钥难以被重构、分析和预测。混沌加密算法控制初始条件和加密参数对信息进行加密,由于其具有数据敏感性和遍历性,故由该算法产生的密钥在密钥空间中类似于随机分布,即便被他人获取,混沌系统方程也很难被破解。

（二）身份认证与数字签名技术

对信息进行数字签名、对访问信息的用户进行身份认证可以对用户或者信息进行身份验证，确认该信息是否完整，用户是否有访问权限。对用户进行身份验证如用户凭用户名和密码进行数据访问可以有效对抗冒充、非法访问、重演等威胁。对消息进行数字签名可以保证信息的完整性，防止非法用户伪造、篡改原始信息等。

（三）数字水印技术

数字水印技术是将密钥或者其他数据在不影响数字信息存储和访问方式的前提下写入数字信息内部，当用户访问或者使用该信息时首先对数字水印进行校对，只有与数字水印中信息相符的用户才能够获得访问或者操作授权。在信息完整性保护方面，数字水印是否完整决定了数字信息完整与否。由于数字水印具有对信息进行隐藏性标识，同时不增加信息带宽等优点，故得到了广泛应用。

（四）反病毒技术

网络环境中，计算机病毒具有非常大的威胁性和破坏力，严重影响了信息的安全，因此在信息存储所使用的操作系统中安装反病毒软件，防止病毒对信息造成破坏也是信息安全防护的一项重要措施。反病毒技术主要包括预防病毒技术、检测病毒技术、消除病毒技术等。其中，预防病毒技术是防病毒软件自身常驻在系统运行内存空间中，且其权限非常高，可以监视和判断与正常操作不相符的异常行为，并对该行为进行阻止；检测病毒技术则是根据病毒的特征进行文件扫描或者文件检测，将符合病毒特征的文件检测出来；消除病毒技术则是对已检测出的病毒文件进行删除，并尽可能恢复原始信息，减少病毒所带来的损失。

（五）防火墙技术

防火墙技术是对应于信息通信而言的。应用防火墙技术可以将通信网络划分为多个相对独立的子网络，不同网络之间进行数据通信时，防火墙按照相应的通信规则对通信内容进行监控。应用防火墙技术可以指定特定用户或者特定信息通过防火墙进行数据通信，也可以限定特定用户或者特定信息不能够通过防火墙进行数据通信。

(六) 构建安全的体系结构

保护信息的安全，避免威胁信息安全的事件发生最重要的是建立和完善有效的安全管理体制来规范信息使用和用户访问行为，确保多种信息安全技术的有效运行，对当前信息环境进行评估并作出合理的决策。

第五章　无线电设备检测中的信号分析及方法

第一节　无线电基础

随着无线电技术的发展，电磁频谱的使用变得越来越密集。特别是随着新型无线技术的不断涌现和广泛应用，使用频谱的合法或授权用户数量也在不断增加。这导致了频谱这一有限资源的使用效率问题变得更加重要，也成了全球无线电管理机构关注的焦点。研究显示，在某些时间段和地区，已分配给通信的无线电频段并没有得到充分的利用。这为二级用户在主用户未使用时，利用这些空闲频谱提供了可能。因此，人们提出了"动态频谱接入"（DSA）的理念，即只要频谱处于空闲状态，其他用户就可以按需使用，从而提升频谱的使用效率。

为了灵活有效地利用这些空闲频谱，二级用户必须实时了解频谱的使用状况，以避免干扰到授权用户。无线电设备需要在了解其运行环境后，做出一系列适当的决策，如决定是否使用频谱，选择何种传输参数（例如发射功率）。为了在射频层面实现这些功能，相关设备需要具备推理和自适应的能力，为此我们引入了认知无线电的概念。

一、认知无线电的概念

认知无线电，这个名词听起来可能有些复杂，但其实它的核心思想并不难理解。简单来说，认知无线电就是一种智能化的无线电系统，它能够像人一样学习和思考，从而更高效地利用电磁频谱资源。尽管目前还没有一个国际上公认的正式定义，但不同的学者和机构对认知无线电有着各种描述。通常来说，这些定义都强调了认知无线电的"智能"特性，即能够感知环境，学习并作出适应性反应。下面归纳一些大家熟知的认知无线电定义：

①一种真正智能的无线电，它拥有自我感知的能力。这意味着它不仅

能感知周围的电磁环境,还能理解操作者的需求,并通过先进的无线电技术和机器视觉技术,对其工作环境有着准确的理解和反应。

②认知无线电是一种智能无线通信系统。认知无线电能够感知并学习外部环境的变化。它可以实时地调整通信的关键参数,比如传输的功率、频率和信号的调制方式,来适应环境变化,确保通信的可靠性,同时也更有效地使用电磁频谱资源。

③认知无线电系统(CRS)。它可以根据收集到的有关其运行环境、地理位置和当前政策的信息,动态地调整自己的工作参数和通信协议。这样的系统不仅能够实现设定的目标,还能从实践中不断学习和进步。

④认知无线电。在无线工程领域,认知无线电提供了一种新的实施方式。这种方式赋予了无线电系统和网络以感知和推理的能力,并能灵活地调整自身的运行状态来应对各种情况。

⑤一种无线电类型,这种类型的无线电特别强调通信系统的自我感知能力。它不仅能感知到环境变化和自身的内部状态,还能基于这些信息做出决策,从而以最佳的方式运行无线电。

⑥一类无线电系统,能够通过技术手段获得与运行环境、地理环境及政策相关的各种信息,根据这些信息灵活地调整自己的工作参数和协议。这种能力使得系统能在实际运行中不断学习和改进,从而达到预设的目标。

二、软件无线电

软件无线电是实现认知无线电的关键支撑技术。它能让无线电拥有学习和适应的能力,但前提是无线电设备本身可以进行重构,而这种重构恰恰依赖于软件的帮助。因此,软件无线电又常被称作可重构无线电。下面是对软件无线电的一个简洁定义:

软件无线电指的是那些无线电设备中的部分或全部功能由软件来定义和控制。这里的"软件定义"意味着,无线电设备的某些操作功能通过软件程序来实施,而不仅仅是简单的控制。这个概念帮助我们区分了完全由软件控制与部分由软件实现的无线电设备。

在软件无线电中,收发信机的射频工作参数,如频率范围、调制方式和输出功率等,可以通过软件进行调整或设置。不过,需要明确的是,如果这些参数的变化仅仅是按照产品手册或标准规范在系统的正常安装和预设操作过程中自动进行的，那么这种情况并不属于软件无线电的调整范畴。

三、无线应用场景分析

无线电场景分析主要是对特定环境下无线电的使用情况进行评估，而不必局限于特定任务或技术方法。简言之，这种分析帮助我们了解在某一地点的无线电环境中，信息可能是全面的，也可能是不完整的。这取决于我们拥有的信息量，以及场景是否随时间和空间发生变化。我们通常利用感知和推理来分析无线电场景，而不是仅仅依赖数据库提供的数据。

(一) 频谱占用类别

某一频段的具体使用情况大致可分为 3 类。主要根据频谱利用率以及利用率是否可以改进两个方面进行分类。这 3 类大概是：

①黑色空间：这部分频谱受到强烈的本地干扰。②灰色空间：只有部分频谱受到干扰。③白色空间：在这一类别中，频谱几乎不受无线电干扰，只有环境噪声或自然噪声。

对于灰色和白色空间，它们是认知无线电非常感兴趣的领域。在灰色空间，为了避免对频谱主用户产生干扰，需要尽可能完整地掌握无线电场景信息。而白色空间则为我们提供了使用先进感知和学习技术探测和利用未占用频谱的机会。特别是在空间分布广泛或有障碍物遮挡的情况下，探测白色空间成了一个复杂的挑战，因为可能无法感知到主用户的存在。

(二) 隐藏终端

在无线电通信中，如果无线电节点因为地理位置较远或者受到信号衰减的影响，接收到的主用户信号非常弱，这可能导致节点难以察觉到主用户的存在。这种情况下，为了防止认知无线电误用被主用户占用的频段，造成干扰，相关管理机构应制定严格的检测标准。一般而言，认知无线电对主用户的检测概率应设定在较高水平（例如超过 0.9），确保其通信活动不会对主用户造成干扰。这种由于信号弱而导致的检测难题，在业界被称为"隐藏终端"问题。

(三) 主用户定位

发现频谱已被占用并不意味着其他用户就无法使用这个频段。通过精确地了解主用户的位置，二级用户可以选择在主用户周围的其他区域进行通信，以避免干扰。借助智能功率控制和定向天线技术，二级用户可以有效地进行定向通信。这样，即使主用户在该区域活动，二级用户仍然可以利用空间的不同部分继续使用该频段，从而有效地共享频谱资源。

四、动态频谱接入与管理

(一) 频谱接入模型

动态频谱接入技术引发了无线通信领域认知无线电概念的诞生。无线系统使用电磁频谱这一稀缺资源的方式是多种多样的，需要从策略、方法以及政策等方面综合考虑。频谱接入模型可以分为指挥与控制模型、专用模型、共享模型和公用模型。

①指挥与控制模型：这是一种较早使用的频谱访问方式，其中用户完全独占某一频段的使用权。这一模型向我们揭示了一种效率不高的频谱使用方法。

②专用模型：在此模型中，虽然频谱被授权给特定用户独享，但同时伴随着一些具体的使用规定。在频谱未被主用户占用时，未授权的次级用户可以在获得主用户许可的情况下接入使用。此模型进一步细分为长期专用和动态专用两种形式。

③共享模型：在这一模型中，频谱被多个用户共享。经授权的主用户和未经授权的次级用户都可以同时接入频谱。只要不影响到主用户，次级用户就可以尝试接入使用频谱，常见的接入方式包括频谱填充和频谱衬底。

④公用模型：在此模型中，所有用户共享同等的频谱接入权，频谱对每个用户而言均为公共资源。公用模型可进一步分为自由公用模式。

通过采用上述频谱接入模型，认知无线电技术有望实现动态频谱接入，从而有效提升频率的利用效率。

在频谱共享接入模型中，主用户和二级用户的概念得到了清晰的定义：主用户是那些得到频谱授权的用户，而二级用户则是在不影响主用户的情况下，可以在时空域上寻找机会使用频谱的用户。显然，在这种情况下，认知无线电技术显得尤为重要，它的智能性能使得无线电可以采用自适应技术来接入和优化频谱的使用。

（二）主要的共享频谱策略

1. 频谱衬底

在这种方式中，二级用户和主用户可以同时使用同一频谱进行通信，但二级用户必须控制自己的发送功率，确保不会对主用户造成干扰。二级用户造成的干扰必须控制在一定的范围内，这个限度通常通过所谓的"干扰温度上限"来定义。这种接入方式特别适合于超宽带通信技术，因为超宽带本身就具备宽频带和低功率输出的特性。

2. 频谱填充

在主用户未使用频谱的情况下，二级用户可以探测并利用这些空闲的频段。在尝试接入这些空白频段之前，二级用户需要进行频谱感知，确保没有主用户在使用这些频段。一旦接入这些频段，二级用户还需要持续监测频谱，以确认是否有主用户重新开始使用这段频谱。为了保障通信的顺利进行，二级用户还需对无线电环境进行详细分析。

五、无线电应用领域

通过在无线电中嵌入智能，就可以按照需求实施多种调整变化以适应无线电环境。例如，可以运用智能来实施动态频谱接入，设计高能效通信以及节能网络，无缝地采用多种无线电技术以提升协议底层的 QoS 等。

（一）蜂窝移动网络

蜂窝移动网络是我们日常生活中见得最多的无线网络，其用户数量也在不断增加。在这种网络中，用户的分布在一天中的不同时间、一周中的不同日子会有很大变化，这也使得频谱的使用呈现出时空上的不均衡。采用基于认知无线电的智能技术，可以更高效地使用蜂窝网络的频谱资源，并支持商业模式中的次级用户。虽然引入认知无线电技术到蜂窝移动网络领域前景广阔，但同时也面临着安全、责任和监管等多种挑战。

(二) 节能无线网络

在无线通信系统中降低能耗一直是电信行业的重点目标之一。从基站到用户终端，无论是在物理层、MAC 层还是网络层，提高能效都非常关键。研究无线网络节能技术，既要考虑如何减少能量浪费，也要开发高效的技术和协议。智能化的认知无线电和网络，因其具备自组织和自配置的特性，成为推动绿色通信和网络发展的重要技术。认知无线电网络可以通过实时学习、调整传输参数和策略来提高能量效率。

(三) 公共安全通信

在通信领域，公共安全的通信技术亟需更新改进。当前许多使用的技术都是几年前的老旧系统，这些系统现在需要全面升级。最近，有专家建议，公共安全领域应该使用基于 3GPP 标准的长期演进技术（LTE）。不过，我国不同的公共安全机构采用的通信技术各不相同，这也带来了一些挑战。在这种情况下，智能化的认知无线电技术能根据具体需求，推动公共安全通信的升级和改造。

(四) 超宽带无线电共存技术

超宽带无线电技术（UWB）可以在 3.1～10.6GHz 这样一个非常宽的频率范围内进行低功率传输，因而颇有潜力成为实现认知无线电应用的候选技术。随着越来越多的用户开始使用这一频段，UWB 技术可以通过嵌入智能功能来保证不同用户之间的和谐共存。这一频段内的其他无线电技术如 WiMAX、C 波段卫星和 DSRC 等，也可以利用 UWB 的认知能力来调整其传输参数，以实现与授权频谱用户的兼容共存。认知无线电的这种共存技术包括干扰抑制、检测与避免以及频谱雕刻等技术。

(五) 用于智能电网的无线网络

智能电网是指利用现代信息技术，实现电网的智能化管理和控制的网络系统。在这个系统中，无线网络扮演着至关重要的角色，它不仅需要处理庞大的数据量，还需支持多种电源，如太阳能和风能，并须应对不断变化的业务需求。为了保证网络的安全和高效运作，智能电网强调了高质量服务的必要性。认知无线电技术在这里的应用：通过其高效的频谱使用和智能信号处理能力，能够优化网络性能，确保各种需求得到满足。

(六) 车载网络

随着智能交通系统 (ITS) 的发展，车载网络变得越来越重要。这种网络通过专用短程通信 (DSRC) 技术，不仅提升了道路安全，还改善了驾驶体验。在这一领域，认知无线电技术的引入可谓革命性的进展。它通过动态调整频谱使用和增强设备间的互操作性，极大地减少了网络的拥堵问题，提高了通信的实时性和可靠性。这些技术的应用不仅使车辆间的信息传输更加流畅，也为实现自动驾驶提供了可能。

(七) 国防应用系统

在国防通信领域，认知无线电技术的重要性日益凸显。这项技术通过对环境的感知和基于此的自我配置，极大地提高了通信的效率和安全性。在战场等复杂环境下，认知无线电能有效地抑制干扰，保证通信的清晰与稳定。这种自适应通信技术不仅增强了军事行动的灵活性，也提升了信息传输的安全性。

六、无线电信号的调制方式、传输及接收

(一) 无线电信号的调制

1. 调制的作用

想象你站在湖边扔了一块石头，石头落水后会产生一圈圈的波纹，这些波纹会从石头落水点向外扩散，这就像电磁波的传播。电磁波是一种能够在空间中传播的波动，它们由电场和磁场互相激发而形成，就像湖面的水波一样向外传播。电磁波的传播速度是光速，而波峰之间的距离我们称为"波长"，在单位时间内通过一个固定点的波峰数量则被称为"频率"。电磁波的传播速度为光速，频率在 3000GHz 以下的电磁波称为无线电波。

根据电磁波知识，信号波长 λ 与频率 f 的关系为：

$$\lambda = \frac{c}{f}$$

式中：c 为光速 $(3 \times 10^8 \text{m/s})$。

此式表明，波长与频率成反比。

通常我们在日常生活中所说的声音、文字和图像，转换成电信号后，这些信号都属于低频信号。如果我们希望通过无线电波的形式传送这些信号，就会遇到一个问题：信号的波长太长，难以有效传播。无线电信号的发射和接收都依赖于天线，而只有当天线的尺寸与信号波长接近时，传输效果才会较好。为了解决这个问题，我们需要用到"调制"这一技术。调制的基本作用是提高信号的频率和缩短波长，让信号更易于通过天线发射。此外，调制还可以将不同信号的频率区分开来，避免在同一个频道中传输时的相互干扰。

2. 调幅、调频与调相

调制的基本意思是将我们想要传输的信号（被调制信号）与另一个称为载波的信号相结合，形成一个新的复合信号，以便更有效地进行数据传输。在调制过程中，被调制信号会改变载波的某些特征，如振幅、频率或相位，从而实现信息的传输。调制的目的是把要传输的模拟信号或数字信号变换成适合信道传输的信号，这就意味着把基带信号（信源）转变为一个相对基带频率而言频率非常高的带通信号。该信号称为已调信号，而基带信号称为调制信号。

高频振荡信号就是携带信息的"运载"工具，所以称为载波；而所要传送的信号便称为调制信号。按照被调制的高频振荡信号参数不同，调制的方式也不相同。设高频载波信号表示为 $u_c(t) = U_{cm}\cos(\omega_c t + \varphi)$，若是用待传输的低频信号去控制高频载波的振幅 U_{cm}，使其振幅随着低频信号的变化而发生变化，则称其为振幅调制，简称为调幅，用 AM 进行表示；若是用低频信号去改变高频信号的频率 ω_c，使其频率随着低频信号的变化而发生变化，则称其为频率调制，简称为调频，用 FM 进行表示；若是用低频信号去改变高频信号的相位使其相位随着低频信号的变化而发生变化，则称其为相位调制，简称为调相，用 PM 进行表示。

不同的调制方式根据传输的需求和特点来选择。比如调幅因为接收设备简单，适合用在中波、短波甚至超短波的无线电广播，但其抗干扰能力较弱；调频则因为抗干扰能力强，适用于需要较宽频带的超短波传输，比如电视的伴音或移动通信；而调相通常用在数字通信或是某些特殊的调频系统中。

解调是调制的逆过程，也就是从已调制的高频信号中恢复出原来的低频调制信号。根据不同的调制方式，解调的方法也有所不同，调幅波的解调过程称为检波，调频波的解调过程称为鉴频，调相波的解调过程称为鉴相。

（二）无线电信号的传输

1. 无线电信号的传输基础

大多数信号传输系统包括信号源、发送设备、传输信道、接收设备与终端设备。

信息如声音、文字和图像在传输前需要被转换成电信号，这个电信号即为信号源。

发送设备的职责主要是两方面：一是将信号与高频载波结合，并通过天线或馈线将其发送出去，确保信号可以高效并远距离地在传输信道中传播；二是放大这个调制后的信号，保证有足够的输出功率进行远距离传输。

传输信道是连接发送设备和接收设备的桥梁，既可以是有线的也可以是无线的。有线信道通过线缆传输电信号，而无线信道则通过无线电波或光波来传输。

接收设备的任务是处理从传输信道中接收到的高频信号，包括变频、放大和解调，以恢复成与信号源相同的原始电信号。此外，由于传输过程中可能会受到干扰，接收设备还需要能够筛选有用的信号，并滤除那些干扰信号。

终端设备将恢复后的电信号转换回原始的信息形式，如声音、文字或图像，供用户使用。常见的终端设备包括扬声器和显示屏等。

2. 无线电波的波段划分

无线电波的波段划分，如表5-1所示。根据需要，可以选择合适的波段进行通信、广播、电视、导航与探测等，但是不同波段电波的传播特性有很大的差别。

表 5-1　无线电波的波段划分

波段名称	波长范围 /m	频段名称	频率范围 /Hz
超长波	100000 ~ 10000	甚低频（VLF）	3 ~ 30k
长波	10000 ~ 1000	低频（LF）	30 ~ 300k
中波	1000 ~ 100	中频（MF）	300 ~ 3000k
短波	100 ~ 10	高频（HF）	3 ~ 30M
超短波（米波）	10 ~ 1	甚高频（VHF）	30 ~ 300M
分米波	1 ~ 0.1	特高频（UHF）	300 ~ 3000M
微波厘米波	0.1 ~ 0.01	超高频（SHF）	3 ~ 30G
毫米波	0.01 ~ 0.001	极高频（EHF）	30 ~ 300G

3. 电波的主要传播方式

电波的传播方式多种多样，不需要像声波那样依赖于空气，也不必通过电线。电波可以在地球表面传播，也可以直线传递到空间，甚至反射回地面，有的电波能穿透大气层，达到遥远的宇宙空间。无线电信号的传播系统由发射部分、接收部分和传输媒介组成。这些媒介主要是地表和电离层等，它们的电特性对不同波段的无线电波有不同的影响。因此，电波的传播方式可以根据媒质的不同和媒质界面对电波传播的具体影响来分类。无线电信号的传播系统包括发射器、接收器和传播媒介。主要的传播媒介有地表和电离层等，它们对电波的传播有着不同的影响。电波的传播方式因媒介的不同而有所区别。

（1）地波传播

地波传播是一种特别的无线电波传播方式。这种传播沿地球表面进行，因此被称为地波。在传播过程中，地波会遇到诸如坡地、房屋等障碍物。如果无线电波的波长足够长，它们就能绕过这些障碍物，继续传播到远处。例如，长波因为波长大，能较容易地绕过障碍物；而短波和微波因为波长较短，难以绕过这些障碍。

地球本身像一个巨大的导体，会与地波产生相互作用，导致一部分能量在传播过程中损失，尤其是频率较高的波段，能量损失更为显著。尽管如此，地波传播的信号较为稳定，主要适用于长波和中波频段。这使得地波传播成为在这些波段中传递无线电信号的有效方式。

（2）天波传播

天波传播就好比声音或光线遇到障碍物时产生的反射。例如，声音遇到墙壁会回弹，形成回声；光线打在镜子上也会反射。类似地，无线电信号遇到障碍也会反射。在地球的大气层高空中，有几层被称作"电离层"的区域，它们像空中的金属盖，能够反射电波。

这种电波在电离层反射后的路径，我们称之为天波。主要是短波电波能够这样传播。阳光照射到大气层，会让电离层产生电离现象，这样的层既可以反射电波，也会吸收电波。电波的频率越低，它被吸收的量就越大；频率越高，吸收的量越少。但是，频率极高的时候，电波就不会被反射，而是直接穿过电离层。

不同的时间，电离层的反射和吸收作用也不同。白天，中波电波几乎被电离层完全吸收，这时候收音机通常只能捕捉到本地电台的信号。但到了夜晚，中波电波的接收范围就会扩大，能接收到更远距离的电台信号。短波则不太受白天或黑夜的影响，因为电离层对其吸收较少，所以短波收音机无论白天黑夜都可以接收到远距离的电台信号。但是，电离层的变化让天波的强度不稳定，所以收音机播出的声音可能时大时小，有时清晰有时模糊。

（3）空间波传播

直接从发射天线传到接收天线，以直线传播的波，称为空间波或直射波，这种传播方式仅限于视线距离以内。目前，我们常用的超短波（微波）通信和卫星通信就是用的这种方式。

超短波的传播特点很独特，它不能像其他电波那样绕过障碍物，也不能从电离层反射回来，只能直直地传播。因此，空间波的传播距离受到一定限制。如果发射天线安装得越高，空间波传播的距离也就越远。比如，电视信号的发射和接收天线都应该尽量放高些。即使这样，由于地球表面是圆的，这种电波实际能传播的距离也只有大约50公里。

超短波（微波）虽然不能从电离层反射回来，但它能穿过电离层，所以在地球外层空间可以畅通无阻。这就意味着我们可以通过空间波与远在太空的宇宙飞船或人造卫星保持联系。同时，如卫星中继通信和卫星电视转播等，也都是通过空间波来进行传播的。

(三) 无线电信号的接收

1. 直放接收方式

"直放"就是直接对所接收到的无线电高频信号进行放大。以调幅广播为例,直放接收与简单调幅接收的不同之处在于增加了放大步骤,包括高频放大和低频(音频)放大。高频信号在检波前被放大,这可以提高检波的效率;音频信号在检波后也会被放大,以便达到足够的音量供收听。尽管直放接收机的电路比较简单,但是在接收不同载波频率的广播电台时,它的接收质量可能会不够均匀,灵敏度较低,选择性也较差,因此这种接收方式已经逐渐被超外差接收方式替代。

2. 超外差接收方式

超外差接收方式是一种提升无线电信号处理效果的方法,可以解决直接接收和放大无线电信号时遇到的多种困难。这种方法不仅简化了接收机的电路设计,而且还提升了接收机的性能和灵敏度,使得无线电广播事业焕发新的活力。

(1) 超外差接收框图

在超外差接收中,接收到的高频信号首先会被转换为中频信号,这一步骤有助于后续的放大和处理。转换过程中,接收机内部的本振(振荡电路)会产生一个高于接收到的信号的正弦波信号,例如,电视机中为38MHz,调幅收音机为465kHz,调频收音机为10.7MHz。然后,这个本振信号与外来的高频信号一同输入混频器中进行混合。混合后,将产生差频(例如38MHz、465kHz、10.7MHz)、和频、其他频率的信号。通过中频放大电路,系统将筛选出所需的中频信号并进行进一步的放大,最终通过检波器获得所需要的低频信号。

(2) 超外差接收的优点

超外差接收方式在无线电信号接收中有着诸多优点,使其在多种电子设备中得到广泛应用。简单来说,超外差接收的好处主要体现在以下几点:

①接收均匀:无论是哪个广播电台,超外差接收方式都会先将接收到的信号转换成中频信号,然后再放大。这样做的好处是,不同电台的信号在放大时能获得相似的增益,保证了接收效果的一致性。

②选择性好：选择性指的是设备接收目标电台信号的能力，并有效抑制其他电台的干扰。例如，当接收电视 3 频道时，通过特定的设置，只有 3 频道的信号被转换并放大，其他频道的信号即使混入，也不会被放大，这样就能清晰地只接收到 3 频道的图像。

③灵敏度高：灵敏度是衡量接收设备捕捉微弱信号能力的一个指标。超外差接收方式通过将高频信号转换为中频信号，降低了频率，从而更容易提高中频放大电路的增益，增强了接收灵敏度。

超外差接收方式不仅应用于收音机和电视机，也广泛用于微波通信、雷达等领域。超外差原理已经成为现代无线电接收理论的基础，凡是涉及无线电信号接收的电子设备，都离不开超外差接收电路。阿姆斯特朗的这项重要发明，不仅推动了无线电技术早期发展的进程，而且在无线电事业的征途上，至今还闪现着它的技术光芒。

第二节　无线电信号和干扰参数测量

一、无线电信号频率测量算法

参数估计的方法主要取决于被观测信号的类型、测量设备的潜力以及开展无线电测量所涉及的区域标准要求。使用数字信号处理方法进行测量，开发者能够显著提高无线电测量系统的各种特性。同时，必须考虑测量系统多个指标的相互联系和相互影响。

中心频率是所有窄带无线电信号的关键参数。如果观测时间是无限的，则可以任意高精度地测量频率。然而，在实践中，信号处理的采样持续时间是有限的，这会从根本上影响所能提供的估计精度。

下面将用汉宁窗函数来研究算法的特点。

递归插值算法（RIA）可以表示为

$$f'_{m+1} = f'_m + \Delta f_m(x)$$

初始迭代中，$\Delta f_0(x) = 0$。下一步迭代中，为了得到修正量 $\Delta f_m(x)$，先计算：

$$\alpha = \sum_{n=0}^{N-1} x_n \exp\left(-\mathrm{j}2\pi n\left(\frac{f_m'}{F_S} - \frac{1}{2N}\right)\right)$$

$$\beta = \sum_{n=0}^{N-1} x_n \exp\left(-\mathrm{j}2\pi n\left(\frac{f_m'}{F_S} + \frac{1}{2N}\right)\right)$$

式中：x_n 为时域采样，$n=1$，2，$\cdots$，$N-1$ 是时域采样的序号，F_S 为采样频率。

上述公式可用于频率修正量的计算。如果实际频率变化在一个频域采样间隔内，频率修正量即描述了频率估计误差的特性。

$$\Delta f_m(x) = \frac{1}{4 \cdot N} \cdot \frac{|\beta|^2 - |\alpha|^2}{|\beta|^2 + |\alpha|^2} \cdot F_S$$

高精度算法（HPA）是 RIA 算法的改进版本，提高了计算速度和估计精度。

HPA 算法的第一阶段是根据下式计算信号相对频率的估计值：

$$\phi = G(k_{\max})$$

其中，

$$G(k_m) = \begin{cases} \alpha(N) \cdot \left(\dfrac{|X[k_m+1]|}{|X[k_m+1]| + |X[k_m]|} - 0.5\right) + 0.5 + k_m, & |X[k_m+1]| \geqslant |X[k_m-1]| \\[3mm] \alpha(N) \cdot \left(\dfrac{|X[k_m]|}{|X[k_m]| + |X[k_{m-1}]|} - 0.5\right) + 0.5 + k_m, & |X[k_m+1]| < |X[k_m-1]| \end{cases}$$

$|X[k]|$ 是根据加权时域信号计算的快速傅里叶变换（FFT）的模，$\alpha(N)$ 是用于最小化频率测量误差的参数：

$$\alpha(N) = \frac{0.5}{\left(0.5 - \dfrac{|W_N[1]|}{|W_N[0]| + |W_N[1]|}\right)}$$

式中：$W_N[0]$ 为时域窗的零级频谱分量；$W_N[1]$ 为一级频谱分量。

对指定的信号频率 ϕ' 的相对估计，可根据傅里叶系数确定如下：

$$\phi' = \phi + \left(\frac{|X[0]|}{|X[0]| + |X[1]|} - 0.5 \right)$$

式中：ϕ' 为第一阶段计算得到的频率估计值；而 $|X[0]|$ 和 $|X[1]|$ 是零级和一级傅里叶系数，分别为

$$|X[0]| = \left| \sum_{n=0}^{N-1} z[n] \right|$$

$$|X[1]| = \left| \sum_{n=0}^{N-1} z[n] \cdot \exp\left(-\mathrm{j} \cdot \frac{2\pi}{N} \cdot n \right) \right|$$

其中，$z[n]$ 是频率搬移至 0.5 的时域信号采样。

$$z[n] = x[n] \cdot \exp\left(-\mathrm{j} \cdot \frac{2\pi}{N} \cdot (\phi - 0.5) \cdot n \right)$$

待求频率可计算为 $f = \phi' \cdot F_S / N$。

通过控制正弦信号频率服从 $[0 \sim F_S]$ 范围内的随机均匀分布。

研究结果表明，在低信噪比和中信噪比下，HPA 和 RIA 算法同样有效，它们所提供的实际误差分布与 Cramer-Rao 下界一致，可表示为

$$\sigma_{\mathrm{CRLB}}^2 = \frac{6}{(2\pi)^2 N (N^2 - 1) \cdot 10^{\frac{\mathrm{SNR}}{20}}}$$

式中：SNR 为信噪比。需要注意的是，为了实现相同精度，RIA 算法比在其基础上开发的 HPA 算法需要更高的计算量。

在高信噪比下，HPA 算法也是有效的，理论上其线性度可保持到信噪比 220dB，这是相比在测量系统中使用 RIA 算法的另一个优点。目前，HPA 算法已成功应用于具有 ARGAMAK-IS 和 ARGAMAK-M 接收机的测量系统的 SMO-PAI 软件中，可精确实施无线电信号测量，并满足规范性文件的要求。

二、角度调制信号中心频率的估计

让我们来估计频率或相位调制的无线电信号中心频率，其频谱宽度满足不等式

$$B_{f\geq} \geq \frac{2F_s}{N}$$

式中：N 为 FFT 点数。

如果将该任务按照搜索无线电信号频谱的中间点来解决，那么最大估计精度将等于频率窗口（离散频谱相邻采样之间的频率间隔）宽度的一半。这是相当粗略的估计。因此，这些信号的频率通常使用频率检测器来确定。频率检测器输出值由下式确定

$$X[i] = \frac{1}{2\pi} \cdot \angle \left(Z[i] \cdot Z^*[i-1] \right)$$

式中：$\angle$ 为 $(-\pi, \pi]$ 范围内复相位；$Z[i]$ 为信号复包络的采样；$Z^*[i-1]$ 为复包络的前一个采样的复共轭值。

为了提高测量精度，计算接收信号频率估计值时，应当对频率检测器输出取平均值：

$$F = \frac{F_s}{M \cdot N} \sum_{k=0}^{M-1} \sum_{i=0}^{N-1} W[i] \cdot X[i + kN/2] + F_0$$

式中：F_0 为接收机调谐频率；N 为样本大小；M 为总的重叠段数；k 为在 $0 \sim (M-1)$ 范围内的重叠段数；$W[i]$ 为窗函数。

三、数字信号中心频率估计算法

借助频谱分析方法，可实时获得对幅移键控（ASK）信号、频移键控（FSK 和 FSK-MS）信号和相移键控（PSK）信号的高精度频率估计。

ASK 信号的中心频率估计并不困难，因为其中心频谱分量显而易见，可借助 HPA 算法进行估计。在这种情况下，估计精度将最大限度地接近 Crater-Rao 界。

对于 FSK，"0""1"信息序列对应的正弦信号频率，该类信号的中心频率估计，可取为频谱最大值法得到的频率估计的算术平均值；其估计误差直接取决于 FSK 信号的多个分量，这些分量可用被研究时段内的瞬时频谱表示。

为了提高估计精度，可使用 HPA 算法。然而，只有在信号仅包含单个最大频谱分量时，HPA 算法才能给出良好的估计结果。因此，在执行计算

之前，必须确定包含正弦信号的频谱区域，并在此之后分别开展每个正弦信号的估计。尽管 HPA 算法很有效，但是由于需要对信号的谐波分量进行无误差提取，因此难以在低信噪比下进行 FSK 信号的频率估计。

频率检测器输出瞬时频率值的序列（两个或更多个采样，取决于移位键控位置的数量），输出序列的平均值为 FSK 信号中心频率的估计。信噪比大于 10dB 的情况下，实验证实其精度为频率窗口的 1/8 ~ 1/2。信噪比超过 15dB 时，FSK 信号平均频率法的误差不超过频率窗口的 1/100。

最小频移键控（MSK）是 FSK 的一种特殊情况，它具有连续相位和最小调制指数，使得数字信息通过正交信号传输。换句话说，MSK 信号的"0"和"1"之间频率偏移最小，并可在时间间隔 T 内区分

$$\begin{cases} S_0 = A \cdot e^{j((\omega_0 - \omega_\partial)t)} \\ S_1 = A \cdot e^{j((\omega_0 + \omega_a)t)} \end{cases} \quad (0 \leqslant t \leqslant T)$$

为了提取信号 S_0 和 S_1 的频谱，我们对信号进行 n 次方。考虑到信号乘方导致信噪比降低，为了区分频谱成分，通常设置 $n=2$ 或 4 区分频谱分量。

$$\begin{cases} (S_0)^n = (A)^n \cdot (e^{j((\omega_0 - \omega_\partial)t)})^n \\ (S_1)^n = (A)^n \cdot (e^{j((\omega_0 + \omega_\partial)t)})^n \end{cases} \rightarrow \begin{cases} (S_0)^n = (A)^n \cdot e^{j((n\omega_0 - n\omega_\partial)t)} \\ (S_1)^n = (A)^n \cdot e^{j((n\omega_0 + n\omega_\partial)t)} \end{cases} \quad (0 \leqslant t \leqslant T)$$

如此，MSK 信号进行 n 次方时，频率 ω_0 本身及其偏移 ω_∂ 都扩大为 n 倍。结果，频谱上形成了两个清晰表示且彼此远离的最大值。

经过变换后，中心频率可类似 FSK 信号基于频率检测器进行估计。信噪比不小于 15dB 时，即使持续时间较短，该方法对 MSK 信号也能提供较小的估计误差。

对于 PSK 信号的频率估计，解调待分析信号是高效手段。解调完成的数学变换可提取信号中心分量。

第三节　无线电监测中目标识别与定位技术

一、无线电监测中目标识别与定位技术基础理论

（一）Alpha 稳定分布

Alpha 稳定分布是一种连续概率分布，由于 Alpha 稳定分布的概率密度函数（PDF）存在重拖尾，因此相较于高斯分布，其可通过改变特征指数 α 控制拖尾的厚度，进而描述不同程度、对称或不对称的脉冲噪声。

1. Alpha 稳定分布的定义

由于 Alpha 稳定分布没有统一的、封闭的概率密度函数，故常用下式所示的特征

$$\phi(t) = \exp\left\{ jat - \gamma \,|\, t\,|^{\alpha} \,[1 + j\beta \,\mathrm{sgn}(t)\omega(t,\alpha)] \right\}$$

其中

$$\omega(t,\alpha) = \begin{cases} \tan\left(\dfrac{\pi\alpha}{2}\right), \alpha \neq 1 \\ \dfrac{2}{\pi}\log|t| \end{cases}$$

$$\mathrm{sgn}(t) = \begin{cases} 1, t > 0 \\ 0, t = 0 \\ -1, t < 0 \end{cases}$$

从上式可知，只需确定 α，β，γ，a 这 4 个参数即可确定 Alpha 稳定分布的特征函数。且四个参数的物理意义分别为：

①特征指数 α 的取值范围为（0，2］，用来确定分布函数拖尾的厚度。α 越大，其分布函数的拖尾越薄，所对应的时域脉冲性也越弱；反之，α 越小，分布函数拖尾越厚，时域脉冲性越强。特殊地，当 $\alpha=2$ 时，Alpha 稳定分布退化为高斯分布。

②对称参数 β 的取值范围为 [−1，1]，用来确定分布的斜度。$\beta > 0$ 和 $\beta < 0$ 分别代表左斜和右斜，且 $\beta=0$ 时，称 Alpha 稳定分布为对称 Alpha 稳定（SaS）分布。

（3）分散系数 β 的取值范围为 $(0, +\infty)$，用来确定样本分散程度。高斯分布下，其作用类似于方差，数值为方差的一半。

（4）位置参数 a 的取值范围为 $(-\infty, +\infty)$，用来确定分布的中心位置。当 $a \in (1,2]$ 时，a 为分布的均值；$a \in (0,1)$ 时，a 为分布的中值。

2. Alpha 稳定分布的性质

Alpha 稳定分布的常用性质如下：

①如果随机变量 $X \sim S_\alpha(\beta_1, \gamma_1, a_1)$ 和 $Y \sim S_\alpha(\beta_2, \gamma_2, a_2)$ 相互独立，则随机变量 $Z = X + Y$ 满足

$$Z \sim S_\alpha(\beta, \gamma, a)$$

其中，$\beta = (\beta_1 \gamma_1^\alpha + \beta_2 \gamma_2^\alpha) / (\gamma_1^\alpha + \gamma_2^\alpha), \gamma = (\gamma_1^\alpha + \gamma_2^\alpha)^{1/\alpha}, a = a_1 + a_2$。

②如果随机变量 $X \sim S_\alpha(\beta, \gamma, a)$，则对于任意实常数 c，有

$$X + c \sim S_\alpha(\beta, \gamma, a + c)$$

③如果随机变量 $X \sim S_\alpha(\beta, \gamma, a)$，且 $0 < \alpha < 2$。则对于任意 $0 < p < \alpha$，有

$$E\left[|X|^p\right] < +\infty$$

对于任意 $p \geq \alpha$，有

$$E\left[|X|^p\right] = +\infty$$

由中心极限定理可知，大量独立同分布且具有有限数学期望和方差的随机变量相加，其和的分布近似服从高斯分布。且基于高斯分布的假设便于对问题进行分析处理，故信号处理的方法和理论大多基于高斯分布。从上述性质可知，仅当 $\alpha=2$ 时，所有阶矩均存在，而当 $\alpha < 2$ 时，服从 Alpha 稳定分布的随机变量不存在有限的二阶矩，因此基于高斯分布的信号处理技术不能有效处理与 Alpha 稳定分布相关的问题。

（二）相关熵

相关熵是一种新的相似性度量手段。相关熵表征的是在核长控制的"窗口"内两个随机变量相似程度的概率，简单地说，差异较大的两个随机变量

经过相关熵处理后会得到较小的数值。因此，相关熵可在噪声先验条件未知的情形下，有效地抑制信号中的异常值（脉冲噪声）。

1. 相关熵的定义及性质

对于任意的两个随机变量 X 和 Y，互相关熵可定义为

$$V(X,Y) = \mathrm{E}\left[\kappa_\sigma(X-Y)\right]$$

其中，$\kappa_\sigma(\bullet)$ 表示核函数。通常选取高斯核函数作为互相关熵的核函数，其定义式为

$$\kappa_\sigma(\cdot) = \frac{1}{\sqrt{2\pi}\sigma}\exp\left\{-\frac{(\cdot)^2}{2\sigma^2}\right\}$$

其中，$\sigma > 0$ 表示核长。

实际应用中，X、Y 的联合概率密度通常是未知的，且只能利用有限长度的观测数据 $\left\{(x_i, y_i)_{i=1}^N\right\}$ 对相关熵进行无偏估计

$$\hat{V}(X,Y) = -\sum\ (x_i - y_i)$$

其中，N 为采样数据的数据长度。

相关熵具有以下性质：

①任意两个随机变量 X 和 Y 的相关熵满足对称性，即

$$V(X,Y) = V(Y,X)$$

②任意两个随机变量 X 和 Y 的相关熵满足有界性，即

$$0 < V(X,Y) \leqslant \frac{1}{\sqrt{2\pi}\sigma}$$

③对任意两个随机变量 X 和 Y 的相关熵进行泰勒级数展开可得

$$V(X,Y) = \frac{1}{\sqrt{2\pi}\sigma}\sum_{n=0}^{+\infty}\frac{(-1)^n}{2^n\sigma^{2n}n!}\mathrm{E}\left[(X-Y)^{2n}\right]$$

从上式可知，相关熵 $V(X,Y)$ 包含了 $(X-Y)$ 二阶及以上所有的偶数阶矩信息，故相较于传统的二阶相关函数，相关熵蕴含了更多的高阶矩信息，且其高阶矩主要受核长 σ 影响。分析上式不难得出，随着核长 σ 的增大，高

阶矩部分会迅速衰减。且令 $n=1$ 可得

$$\mathrm{E}\left[(X-Y)^2\right]=\mathrm{E}\left[X^2\right]+\mathrm{E}\left[Y^2\right]-2\mathrm{E}[XY]$$

2. 最大相关熵准则

相关熵诱导距离（CIM）是由相关熵诱导出来的距离测度。假设 M 维样本空间内有两组向量 $\boldsymbol{x}=\left[x_1,x_2,\cdots,x_M\right]^\mathrm{T}$，$\boldsymbol{y}=\left[y_1,y_2,\cdots,y_M\right]^\mathrm{T}$，则 CIM 定义为

$$CIM\left(x,y\right)=\left[\kappa_\sigma\left(0\right)-V\left(x,y\right)\right]^{1/2}$$

CIM 具有以下性质：

①非负性：$CIM\left(x,y\right)\geqslant 0$，当且仅当 $x=y$ 时，$CIM\left(x,y\right)=0$；

②对称性：$CIM\left(x,y\right)=CIM\left(y,x\right)$；

③满足三角不等式：假设 M 维样本空间内有向量 $z_0=\left[z_1,z_2,\cdots,z_{\sigma_M}\right]^\mathrm{T}$，则有 $CIM\left(x,z\right)\leqslant CIM\left(x,y\right)\quad CIM\left(y,z\right)$。

CIM 表现出的"混合范数"特征如下：当两个矢量距离非常接近时，CIM 的作用类似于 L_2 范数；当两矢量距离较远时，CIM 则表现出 L_1 范数的作用；当两矢量距离进一步增大时，则 CIM 表现为 L_0 范数。基于诱导距离 CIM 的特性，可将最大相关熵准则定义为

$$MCC\left(e_i\right)\triangleq\max\left[\frac{1}{M}\sum_{i=1}^{M}\kappa_\sigma\left(x_i-y_i\right)\right]$$

$$=\max\left[\frac{1}{M}\sum_{i=1}^{M}\kappa_\sigma\left(e_i\right)\right]$$

其中，$e_i=x_i-y_i$ 表示迭代中的误差信号。

（三）循环平稳与循环相关熵

1. 循环平稳

平稳随机过程是指统计特性不随时间的推移而变化的随机过程，通常可使用时间平均代替统计平均来描述该过程的各阶数字统计量。所对应的非平稳过程则是指统计量会随时间变化的过程，因而不能直接计算该类过程的

时间平均。无线电通信、雷达、声呐等系统使用的信号均是非平稳信号，且由于其特定阶次的统计量随时间周期变化，故称其为循环平稳信号。

（1）严格循环平稳过程

假设随机过程 $X(t)$ 的任意 n 维分布函数均具有周期性，即

$$F_X\left(x_1, x_2, \cdots, x_M, t_1+kT, t_2+kT, \cdots, t_M+kT\right) = F_X\left(x_1, x_2, \cdots, x_M, t_1, t_2, \cdots, t_M\right)$$

其中，k 代表任意整数，T 为常数，则称随机过程 $X(t)$ 为严格循环平稳（严格周期平稳）过程。

（2）广义循环平稳过程

假设随机过程 $X(t)$ 的统计均值和相关函数均具有周期性，即

$$G_X(t) = G_X(t+kT)$$

其中，$G_X(t)$ 为统计均值。同理，相关函数 $R_X(t)$ 表示为

$$R_X(t, \tau) = R_X(t+kT, \tau)$$

其中，k 代表任意整数，T 为常数，则称随机过程 $X(t)$ 为广义循环平稳过程。

2. 循环相关

假设随机过程 $X(t)$ 是二阶循环平稳的，则可对 $R_X(t, \tau)$ 进行傅里叶级数展开

$$R_X(t, \tau) = \sum_{m=-\infty}^{+\infty} C_X(\varepsilon, \tau) e^{j2\pi\varepsilon t}$$

其中，$\varepsilon = m/T_0$ 为循环频率，T_0 是 $R_X(t, \tau)$ 关于 t 的周期，则对应的傅里叶级数系数

$$C_X(\varepsilon, \tau) = \frac{1}{T_0} \int_{-T_0/2}^{T_0/2} R_X(t, \tau) e^{-j2\pi\varepsilon t} dt$$

称为二阶循环相关函数。进一步地，循环谱密度函数 $S_X(\varepsilon, f)$ 定义为 $C_X(\varepsilon, \tau)$ 的傅里叶变换，即

$$S_X(\varepsilon, f) = \int_{-\infty}^{+\infty} C_X(\varepsilon, \tau) e^{-j2\pi f\tau} d\tau$$

需注意的是，传统的相关函数及功率谱密度函数实际上是 $\varepsilon=0$ 时的循环相关函数 $C_X(\varepsilon,\tau)$ 及循环谱密度函数 $S_X(\varepsilon,f)$。

3. 循环相关熵

循环相关熵是循环统计量与相关熵的结合。在应用中，既可利用循环统计量消除同频干扰的影响，又可使用相关熵抑制脉冲噪声的存在。

时域信号 $x(t)$ 的相关熵函数为

$$U_x(t,\tau) = E\left\{\kappa_\sigma\left[x(t+\tau/2) - x(t-\tau/2)\right]\right\}$$

假设其是周期为 T_0 的周期函数，则可得傅里叶级数

$$U_x(t,\tau) = \sum_{m=-\infty}^{+\infty} V_x(\varepsilon,\tau)\mathrm{e}^{\mathrm{j}2\pi\varepsilon t}$$

其中，$\varepsilon = m/T_0$ 为循环频率，则对应的傅里叶级数系数

$$V_x(\varepsilon,\tau) = \frac{1}{T_0}\int_{-T_0/2}^{T_0/2} U_x(t,\tau)\mathrm{e}^{-\mathrm{j}2\pi\varepsilon t}\mathrm{d}t$$

称为循环相关熵函数。同样地，循环谱密度函数 $P_x(\varepsilon,f)$ 定义为 $V_x(\varepsilon,\tau)$ 的傅里叶变，即

$$P_x(\varepsilon,f) = \int_{-\infty}^{+\infty} V_x(\varepsilon,\tau)\mathrm{e}^{-\mathrm{j}2\pi f\tau}\mathrm{d}\tau$$

二、复杂电磁环境下信号时延估计算法

时延估计是无线电监测及目标定位领域的重要组成部分。传统时延估计算法多通过二阶或高阶统计量抑制高斯噪声，但在同频干扰及脉冲噪声并存的复杂电磁环境下，算法性能显著下降。

为抑制脉冲噪声、提高算法的时延估计性能，文献中先后提出基于分数低阶统计量的算法与基于相关熵的算法。基于分数低阶统计量的算法可有效改善服从 SaS 的噪声不存在二阶及以上统计量的情况，具有一定抑制脉冲噪声的能力。但其局限性在于，需根据 Alpha 稳定分布的特征指数设定系统阶数。相较于分数低阶统计量，基于相关熵的方法无须已知脉冲噪声的先验知识，且抑制脉冲噪声的能力更强，故其逐渐成为消除脉冲噪声的主要方

式。另外，针对同频干扰影响算法性能的问题，可利用信号的循环平稳性提取目标信号、消除干扰信号。且已验证此类算法在同频干扰存在时可表现出良好的时延估计性能。

当同频干扰及脉冲噪声并存时，已有文献提出并验证了基于循环相关熵算法的有效性，但其时延估计性能会随脉冲噪声特征指数的减小而有所衰退。

三、脉冲噪声及多径环境下的超分辨率时延估计算法

多径环境下的超分辨率时延估计问题的研究是时延估计研究的重要分支之一，对完善时延估计的理论基础以及扩大时延估计算法在无线电监测领域的应用均具有重要的意义。

传统时延估计算法无法区分时延间隔较小的窄带多径信号所引起的多径时延，故为提高算法针对窄带多径信号的超分辨率时延估计能力，多位学者先后提出了多类超分辨率时延估计算法。基于最小二乘的时延估计算法，在一定程度上提高了算法的时延估计分辨率，但多径信号之间较强的相关性易导致算法的迭代更新过程停止于某一局部收敛点，从而无法获得较好的时延估计值。基于自适应滤波器的算法可在先验知识未知的情形下获得多径信号的时延估计值，但自适应迭代过程较长且时延估计精度较低。而随着MUSIC算法被应用于时延估计中，基于MUSIC算法的超分辨率时延估计问题逐渐成为研究的热点。随着机器学习的飞速发展，越来越多的学者尝试利用基于机器学习的方法去解决多径环境下的超分辨率时延估计问题，且已取得了极大的进展。

以上方法均以高斯噪声作为假设，若脉冲噪声存在时，上述算法的时延估计效果急剧下降。受启发于不同形式核函数的相关熵均可抑制脉冲噪声，本书将可抑制脉冲噪声的核函数与可进行超分辨率估计的MUSIC算法相结合，提出基于核函数的相关算子，并在此基础上提出了针对窄带多径信号的时延估计算法。且对所提算法进行对比分析，验证所提算法具有超分辨率时延估计的能力以及抑制脉冲噪声的能力。

(一) 多径信号的时延估计模型

多径现象是指信号在传播过程中，受地理环境等因素的影响，产生的

反射、折射等现象，从而使得源信号经过不同路径到达接收机。

实际环境中，多径现象的出现导致 Q 个接收机接收到的信号均为源信号经过不同路径的延迟、衰减后的信号以及加性噪声的组合，第 q 个接收机接收到的信号 r_q 可表示为：

$$r_q(t) = \sum_{i=1}^{d} \lambda_{qi} s(t - \tau - m_{qi}) + w_q(t), q = 0, 1, 2, \cdots, Q-1$$

其中，$s(t)$ 是源信号，d 为多径信号的数目，τ 是源信号到参考接收机的时延值，λ_{qi} 与 m_{qi} 分别是到达第 q 个接收机的第 i 径信号的衰减系数与相对参考接收机的时延值，$w_q(t)$ 为与源信号和其他接收机处噪声均不相关的噪声。

需注意的是，若第 q 个接收机接收的多径信号中包含直达信号，则不难得知，$\tau_{qi} = \tau + m_{qi}$ 是第 q 个接收机接收到的第 i 径信号相对源信号的时延值，也是解决多径时延估计问题的关键。

对于单接收机信号模型来说，多径信号模型可进一步简化为：

$$r(t) = \sum_{i=1}^{d} \lambda_i s(t - \tau_i) + w(t)$$

其中，$r(t)$ 为接收信号，λ_i 是第 i 径信号传播造成的衰减系数，τ_i 为接收机接收到的第 i 径信号相对源信号的时延值，$w(t)$ 为与源信号不相关的噪声。

进一步地，为便于后续仿真实验的进行，将单接收机信号模型改写为离散形式，即

$$r(nT_{sp}) = \sum_{i=1}^{d} \lambda_i s(nT_{sp} - \tau_i) + w(nT_{sp}), n = 0, 1, 2 \cdots, N_r - 1$$

其中，$s(t)$ 为源信号，$w(n)$ 为与源信号不相关的噪声，N_r 为采样数，T_{sp} 为采样间隔，为便于推导且不失一般性，常令 $T_{sp} = 1$。

（二）MUSIC 算法及应用

MUSIC 算法的提出，使参数估计理论进入超分辨率算法的时代。MUSIC 算法常用来解决 DOA 估计的问题，之后逐渐用来处理多径环境下

的超分辨率时延估计问题，其主要思想是以信号子空间与噪声子空间的正交性为基础划分空间，进而实现参数的估计。本节将简要阐述 MUSIC 算法的基本原理，并介绍基于 MUSIC 算法的时延估计实现流程。

1. MUSIC 算法

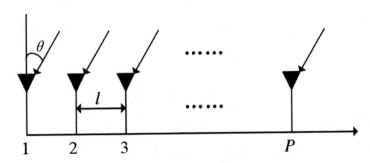

图 5-1　均匀线阵模型

设均匀等距线阵由 P 个阵元构成，阵元间距为 l，如图 5-1 所示。且设 $B(B<P)$ 个独立的远场窄带信号分别以 θ_1, θ_2, ……, θ_B 的方向入射至阵元。若令阵元 l 为参考阵元，则阵元 p 在 t 时刻的输出表达式为

$$x_p(t) = \sum_{b=1}^{B} s_b(t) \mathrm{e}^{(-\mathrm{j}2\pi(p-1)/\sin\theta_b)/\eta} + w_p(t)$$

其中，η 为信号波长，且满足 $l \leq \eta/2$，$s_b(t)$ 为第 b 个信号的复包络，$w_p(t)$ 为第 p 个阵元上的噪声。

进一步做如下假设：

①加性观测噪声 $w(t)$ 均是方差为 σ^2 的零均值复高斯噪声，且与各信号源不相关。

②输出信号 $x(t)$ 的协方差矩阵是非奇异的。

在以上假设的基础上，可求得阵列输出信号 $x(t)$ 的协方差矩阵为

$$R_x = E\left[x(t)x^H(t)\right] = AE\left[s(t)s^H(t)\right]A^H + \sigma^2 I$$

将协方差矩阵进行特征值分解后可得

$$R_x = U\Lambda U^H = U_s\Lambda_s U_s^H + \sigma^2 U_w U_w^H$$

其中，$U = [U_s, U_w]$，U_s 与 U_w 对应张成 R_x 的信号与噪声子空间。

$\Lambda_s = \mathrm{diag}\left(\beta_1, \beta_2, \cdots, \beta_B\right)$，$\beta_1, \beta_2, \cdots, \beta_B$ 为 B 个非递增的特征值。理论上，由于噪声与信号互不相关，那么噪声子空间与信号子空间应满足正交性，故可得

$$U_w^H a\left(\theta_i\right) = 0$$

而实际环境中，并不能完全满足正交性，故可通过谱峰搜索实现方向角的估计：

$$P_{MUSIC} = \frac{1}{a^H(\theta) U_w U_w^H a(\theta)}$$

2. 基于 MUSIC 算法的超分辨率时延估计

设 $w(n)$ 为高斯噪声，将 $s(n)$ 与 $r(n)$ 补零至 K_A，再求互相关的

$$R_A(\tau) = \mathrm{E}\left[s(n-\tau)r^*(n)\right]$$

$$= \sum_{n=0}^{K_A-1} \sum_{k=0}^{K_A-1} \left[S(k)\mathrm{e}^{-\mathrm{j}2\pi k\tau/K_A}\right] r^*(n)\mathrm{e}^{\mathrm{j}2\pi kn/K_A}$$

$$= \sum_{k=0}^{K_A-1} [S(k)R(k)]\mathrm{e}^{-\mathrm{j}2\pi k\tau/K_A}$$

$$= \sum_{k=0}^{K_A-1}\left[\sum_{i=1}^{d} \lambda_i^* \mid S(k)\mid^2 \mathrm{e}^{\mathrm{j}2\pi k\tau_i/K_A} + W_A(k)\right]\mathrm{e}^{-\mathrm{j}2\pi k\tau/K_A}$$

其中，$*$ 为求共轭的操作，$W_A(k) = S(k)*W^*(k)$、$S(k),W(k)$ 分别为 $s(n)$ 与 $w(n)$ 的傅里叶变换，$K_A = N_r + N_s - 1$，N_s 为源信号长度。

可得

$$\left|R_A(\tau)\right|^2 = \left|DFT\left[X_A(k)\right]\right|^2$$

其中，$DFT[\cdot]$ 表示离散傅里叶变换，且

$$X_A(k) = \sum_{i=1}^{d} \lambda_i^* \mid S(k)\mid^2 \mathrm{e}^{\mathrm{j}2\pi k\tau_i/K_A} + W_A(k)$$

可通过协方差构建、特征值分解以及谱峰搜索获得时延估值，此法记作 MUSIC-TYPE 算法。

结束语

　　随着新一代通信技术的发展，我们正迈向一个更加智能、高效、互联的世界。本研究旨在为这一领域的专业人士、学者和学生提供一定的洞见，鼓励他们在探索中不断前行，为未来的技术革新贡献智慧。我们期待这些研究成果能够激发更多的思考和讨论，共同促进电子信息技术与通信工程的进步，为社会的发展带来积极的影响。在此，作者对所有参与和支持本研究工作的同人表示诚挚的感谢，并期待与广大读者一起迎接技术发展的新篇章。

参考文献

[1] 闫丹，田延娟，秦勤．计算机网络技术与电子信息工程 [M].昆明：云南科技出版社，2019.07.

[2] 郎朗，黄美兴，王复奇．电子技术项目化教程 [M].哈尔滨：哈尔滨工程大学出版社，2019.06.

[3] 邓泽霞．电路与电子技术实验 [M].重庆：重庆大学出版社，2019.08.

[4] 曾庆珠．光纤通信工程 [M].北京：北京理工大学出版社，2019.09.

[5] 孙妮娜．通信工程办公实务 [M].北京：北京理工大学出版社，2019.11.

[6] 孙鹏娇，张伟，时野坪．通信工程勘察设计与概预算 [M].北京：北京理工大学出版社，2019.06.

[7] 刘功民，卢善勇．通信工程制图与概预算编制 [M].北京：中国铁道出版社，2019.01.

[8] 张毅，郭亚利．通信工程（专业）概论 [M].武汉：武汉理工大学出版社，2019.08.

[9] 马英．通信系统工程实践教程 [M].成都：电子科技大学出版社，2019.06.

[10] 尚建华，杨上河．电子技术实验与模拟电子技术课程设计 [M].上海：东华大学出版社，2020.02.

[11] 操长茂，胡小波．电工电子技术基础实验 [M].武汉：华中科技大学出版社，2020.12.

[12] 刘冬香．电工电子技术及应用 [M].成都：西南交通大学出版社，2020.10.

[13] 庄文雅．通信工程设计实务 [M].北京：北京邮电大学出版社，2020.07.

[14] 朱莹 . 电子信息基础 [M]. 北京：机械工业出版社，2021.06.

[15] 杨官霞，张晓燕，陈婷婷 . 电子信息专业英语 [M]. 北京：北京邮电大学出版社，2021.01.

[16] 毛京丽，董跃武 . 现代通信网 [M]. 北京：北京邮电大学出版社，2021.04.

[17] 徐嘉晗，张楠，鄢长卿 . 通信工程制图及实训 [M]. 武汉：武汉理工大学出版社，2021.06.

[18] 曹庆钰，马龙，白立化 . 通信工程技术与煤矿智能化研究 [M]. 长春：吉林科学技术出版社，2021.08.

[19] 付渊，刘勇 . 电子信息导论 [M]. 北京：北京理工大学出版社，2021.09.

[20] 刘鹏杰，单文豪，张小倚 . 计算机网络与电子信息工程研究 [M]. 长春：吉林人民出版社，2022.09.

[21] 杨毅明 .MATLAB 在电子信息类专业中的应用 [M]. 北京：机械工业出版社，2022.01.

[22] 李洪均 . 数字信号处理 [M]. 北京：机械工业出版社，2022.05.

[23] 王威，梁涤青 . 通信工程专业导论 [M]. 成都：西南交通大学出版社，2022.08.

[24] 郭铁梁 . 新工科背景下地方高校通信工程专业教学改革研究 [M]. 成都：西南交通大学出版社，2022.09.

[25] 郝国成，赵娟，马丽 . 通信工程专业综合实习 [M]. 武汉：中国地质大学出版社，2022.09.

[26] 阎嵩，曹伟，游光才 . 智能化网络工程与通信应用技术 [M]. 哈尔滨：黑龙江科学技术出版社，2022.04.

[27] 高丽娟，代健美，李炯，等 . 卫星通信与 STK 仿真 [M]. 北京：北京理工大学出版社，2022.08.

[28] 姜云霞，刘可，任相花 . 信息编码与通信技术 [M]. 哈尔滨：哈尔滨工业大学出版社，2023.05.